かぼちゃを塩で煮る

絵と文
牧野伊三夫

幻冬舎

はじめに

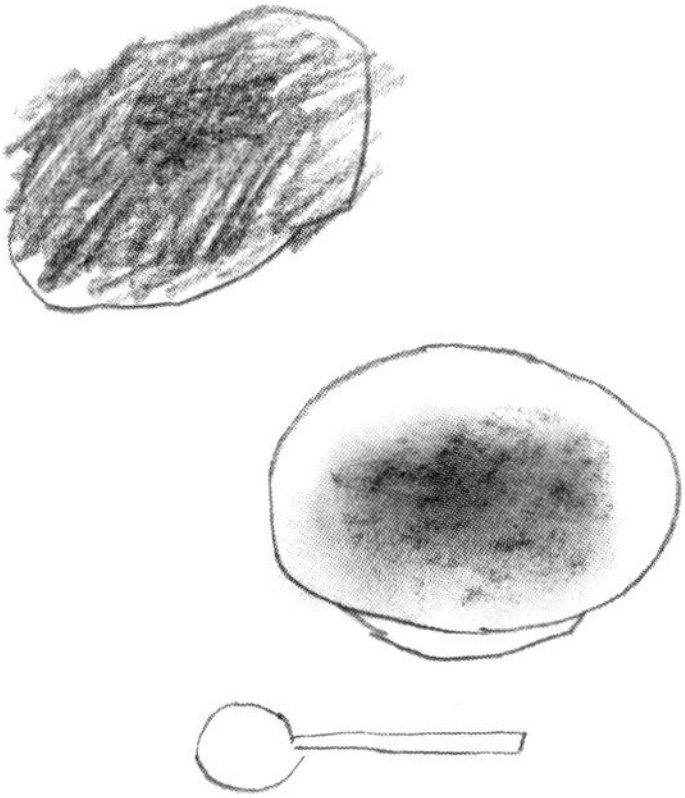

小学生の頃、土曜日に学校から帰宅する途中、工事現場のそばを通ると大人たちが焚火《たきび》をして弁当を食べていた。その様子があまりにもうまそうだったので、

帰ってから弁当箱にめしとおかずを詰めて家の屋上で食べた。たしか、弟もさそって二人分作ったような気がする。大人たちが口をもぐもぐさせて大きな薬缶から茶を四角い弁当箱の蓋に注いですするのを僕も真似て水筒のコップを使わず、わざわざ弁当箱の蓋で茶をすすってみるのだった。

授業中も食べ物のことが気になった。国語の時間に読んだモンゴル民話のなかに、日が暮れて寒い草原をさまよい歩いた旅人がようやく見つけた家の人に薪で暖をとらせてもらい、肉を焼いたのと乳のスープをふるまわれる場面があった。焼いた肉。乳のスープ。ただそれだけのぶっきらぼうな描写に、かえって想像力をかきたてられ、どんな味がしたのかとそこばかり繰り返し読んだ。もうずいぶん昔のことだから物語の題名さえ忘れてしまったというのに、今でも肉を焼くとき、そこだけは思い出す。また、絵本の『ちびくろサンボ』の虎たちが椰子の木のまわりをぐるぐる走ってバターになるところを読んで、ながい間どこかできっと虎のバターが売られているはずだと信じていた。どうもその頃から人一倍食べることへの関心が強かったようである。

当時、僕の父は九州の小倉の郊外で小さな商店をやっていた。母も店へ出て一緒に働いていたので、土曜日は学校から帰ると自分で食事を作って食べることが多かった。得意料理は、醤油味のスクランブルエッグ。熱したフライパンに油をひき、醤油を混ぜて卵を溶き入れると、みるみる固まっていき、醤油の香ばしさが食欲をそそった。少し上達して、ちりめんじゃこや刻んだ葱《ねぎ》を入れ、さらに料理らしくなったときは感動した。マルハの「ベビーハム」という魚肉ハムの厚切りや、ソーセージなどもフライパンで焼いたが、火加減がわからずよく焦がした。油をひきすぎて飛沫《しぶき》で顔を火傷《やけど》したこともある。そんなことをしていたせいだろうか、だんだんと料理に興味を持つようになり、台所で母が料理を作るのを傍らでよく見ていた。

おやつにハウス食品のインスタントプリンやゼリーもよく作った。洒落《しやれ》たガラスの皿にイチゴと生クリーム、サクランボをのせた見本写真が箱にあり、僕は、この可愛らしい姿に憧れてその通りに作りたいと思った。しかし、家には見本のプリンと同じ富士山の形にする金属型が無く、有田焼の湯呑みで代用したために、プリンの上の方が坊主頭のような形になってカラメルソースが流れ落ちた。そして、缶詰のサクランボも頭にのせると、やはり、つるんとすべり落ちるのだった。大人になってから東京のデパートでその型を見つけたときは、これかとうれしくなって思わず買ってしまった。

そういうふうだったので、美術学校へ通うために上京してからの一人暮らしはまったく苦ではなく、むしろ自炊がうれしかった。ただ、料理などといってもひどいもので、たとえばインスタントカレーを自分らしい味にしようとケチャップやソース、コーヒーの粉など混ぜて長時間煮込んだりしていた。こうしたものはもとより即席で作ることが売りで、食品会社が研究に研究を重ねて作りあげた味だから、未熟な自分が余計な手を加えれば味をこわしてまずくなるだけだ。今思い返すと、一体自分は何をしていたのだろうかと思う。

卒業後、都内にあるサントリーにゆかりのある広告制作会社に就職した。この会社では社内でワインやウィスキーの試飲会があって、僕はそこで洋酒の味を知った。また、会社の先輩に料理屋に連れて行ってもらったり、海外取材先で食事をしたりしているうちにすっかり舌が肥え、食べることに執着して二年間で体重が一七キロも増えた。これは異常だろう。ところが、二〇代の後半、この会社を辞めて一日の大半を家で絵を描いて生活するようになると、収入が無くなって食べ歩けなくなった。もと同僚にご馳走してやるからとさそわれても、その店まで行く電車賃が無いというひどい状態にまでなった。それでも、うまいものを食べたいという欲求は高まるばかり。そこで、本格的に料理書などを買って家で作ることにした。

その頃は、近代のヨーロッパの画家たちを研究していて、まずは彼らと同じものを食べてみたいとも思っていた。まだ行ったことの無い外国の料理を、料理の本を見てはあれこれ想像して作りはじめた。ビーツという赤蕪《あかかぶ》と牛肉を煮たロシアのボルシチや、スズキをまるごと一尾ガーゼにくるんで、香草の入った野菜スープで煮たのにエシャロットのバターソースをかけるフランス料理などを作ってみたり。当時はレシピ通りの食材がそろわないことも多く、リークという、フランスの葱を下仁田葱で代用したスープや、ズッキーニをきゅうりで代用したラタトゥーユを作り、本当はもっとちがう味なのだろうと思いながら食べていた。しかし、ずっとレストランで食べるものだと思っていた料理を家で作ってみると、それまで知らなかった調理法と出会い、だんだんと料理が面白くなっていった。その頃、南仏に移り住んだ画家のゴッホやゴーギャンたちが、毎日食堂に集い、りんご酒を飲んで語らったと本で読んで、その酒が一体どんなものかと気になって仕方なかった。本当は、シードルとかカルヴァドスだったかもしれないが、わからずにただ「りんご酒」という語感に酔いしれ、安売りの紅玉で果実酒を作り、夜な夜な南仏気分を味わっていた。金も料理の知識も無かったが本場への憧れだけはあった。

そうやって作った料理を訪ねてきたお客たちにふるまうと、おいしいと褒めてくれるので、そのうちに仕事の方はそっちのけでよく家で食事会をするようになった。カンパリやシェリーなどの食前酒からはじまり、前菜、肉や魚料理、デザート、食後酒までのコース料理を考え、高級レストランの真似をしてうやうやしく紙に書き出したりもした。そうすることで食材や味の重なりを避け、献立に合う酒選びをするようになった。料理は組み合わせや食べる順番、合わせる酒で味が変わる。またオーブンやフードプロセッサー、じゃがいもの芽とり器、馬毛の濾《こ》し器など、それまで使ったことのなかった調理器具も用いるようになって、いつの間にかすっかり料理にのめり込んでしまい、一日中絵も描かずに料理をしていることもよくあった。

それにしても、その頃はほとんど絵も売れずひどく貧乏していたのだが、こんなふうに料理をしていたおかげか心がすさんで貧しい気持ちになることはなかった。家に来るお客から手土産に米や酒をいただくことがあると、まぶしく輝いて見え、いつも救援物資のようだと思いながら受け取っていた。

かぼちゃの塩煮

子供の頃、砂糖醤油で甘辛く煮たかぼちゃが苦手で、体によいからとすすめられても箸《はし》が出なかった。あまりに僕が食べないものだから、母はこっそり弁当に入れていた。それを知らずに学校で弁当箱を開けてみてギャフンとなったものだ。

天ぷらやパンプキンパイなどは食べたが、煮たかぼちゃはずっと敬遠していた。しかしある夏、八百屋へ行ってふとかぼちゃに目がとまり、煮てみようかと思った。小ぶりで実にうまそうな濃い黄色をしていたからだ。それでも、いや、やはりやめようか、と手にとって迷っていたところ、レジ係のおばさんが、「塩だけで煮てごらんなさい。おいしいわよ」と言う。それでようやく決心して買った。言われた通りに塩だけで煮てみたら、これが実においしく、それ以来よく食べる

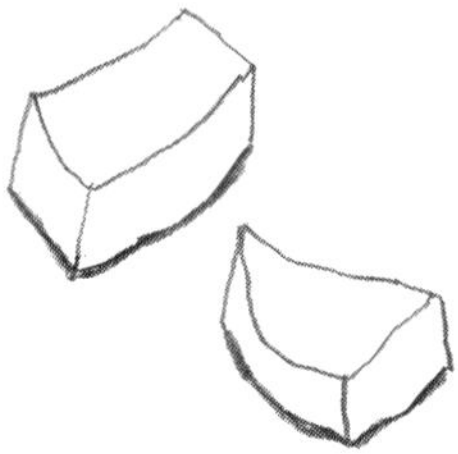

ようになった。塩で煮ても塩の味はせず、かぼちゃの甘い味がする。そのレジ係のおばさんにはとても感謝している。

種をとって一口大に切ったかぼちゃを、厚い皮の方を下に鍋底に並べ、ひたひたの水を入れる。適当に塩をふり、落とし蓋をして弱火で煮たら出来上がる。冷ましてから食べた方がおいしい。とても簡単だが、ひとつだけ気をつけなければならないことがある。煮て水分が無くなったところで、落とし蓋をとってうんと火を小さくして、煮切り終わるのを耳と鼻を使って見極めなくてはならない。煮汁のグツグツしていた音が、水分が蒸発してチリチリ、パチパチという乾いた音に変わり、ほんのり香ばしいにおいがしてくるまで静かに待ち、そこで火を止める。時間にして一、二分くらいだろうか。グツグツのところで火を止めてしまうとべちょべちょした水っぽい仕上がりになる。ほくほくに仕上げるためには、最後のここが大切だ。このときは決して鍋から離れたり、別のことを考えたりしてはならない。ついでながら、ポテトサラダのじゃがいもをゆでるときも同様である。

バンガロースープ

キャンプ場の調理場は、当然のことながら、いつも使い慣れている家の台所とはずいぶん勝手がちがって思いがけない不便さがつきまとう。なにしろ火をおこ

すところからはじまるので、麺をゆでるだけでも大変だ。そもそも、のんびりと遊びに行くのが目的だというのに、下手をすると三度の食事の支度に追われて終わってしまう。バーベキューのあとの焼き網の油汚れや焦げを洗い落とすのもひと苦労だ。とはいえ、焚火をしながら自然のなかで食べる食事は本当にうまく、酒もよくすすむ。こんなとき大鍋にひとつ素朴な野菜と豆のスープを作っておくと、いちいち調理をする手間もなくなるうえ、食事も楽しくなる。炭火で焼くだけの野性的な肉料理によって少しささくれだった胃袋にもやさしいし、パンやごはんにも合う。

スープを作るためにはチキンコンソメやブイヨンが必要だとずっと思い込んでいたのだが、あるとき、丸元淑生さんのスープの本を読んで、そういうものはまったく必要ないと知った。鍋を弱火にかけ蓋をして、豆と刻んだ野菜を入れていき、そのままただ煮るだけである。にんにくと塩とコショウの味つけだけで体に溶け込むような十分おいしいスープが出来上がる。丸元さんの本は我が家の台所のバイブルである。

初めは本のレシピに忠実に材料の豆や野菜、きのこなどを組み合わせていたが、この頃は、適当に家にあるもので作る。だいたいどんな野菜を入れてもよいと思うが、豆、じゃがいも、セロリ、にんにく、月桂樹の五つは必ず入る。本のレシピでは、そうやって煮たあとフードプロセッサーに移して丁寧に液状にするのだが、僕はめんどうだからマッシャーで粗くつぶすだけだ。このスープをキャンプのときにも作って「バンガロースープ」と呼んでいる。

まず、鍋に水でもどしたヒヨコ豆を入れ水をはって蓋をして弱火にかける。じゃがいもは皮をむいて大きめに切り分け放り入れる。次はセロリ。茎はすじをとって大まかに切り分け、葉も小さく刻んで鍋に入れる。スライスした玉ねぎとにんにく、パセリの茎、月桂樹の葉を一枚入れ、弱火で一時間ほどコトコト煮込む。火はずっと弱火で。また、常に蓋をしておき、ときどきアクを掬《すく》う。パセリの葉は最後に入れる。ヒヨコ豆が無ければ、大豆の水煮やレンズ豆、水で戻した金時豆などでもいい。野菜は、じゃがいもとセロリだけでも十分おいしいが、さらに人参、トマト、ズッキーニなどの野菜、マッシュルームやしめじなどのきのこを入れて複雑な味にしてもおいしい。塩とコショウで味を調えたら出来上がりだ。

さて、翌日、鍋に残ったスープをコトコト煮ていると、じゃがいもが溶け野菜が煮くずれてシチュウのようになってくる。このままシチュウとして食べてもよし、カレー粉や他の香辛料などを加えてカレーライスやパスタのソースにしてもよし。少し水を加え、塩コショウで味を調えて好みの味にしてもよし。物足りなければコンソメやブイヨンなどのスープの素を入れたり、肉やベーコンを足したりして好きなふうに食べる。

きらずまめし

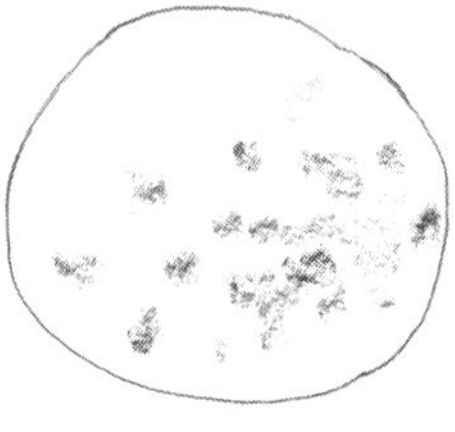

「きらず」というのはおからのことで、この料理は酢じめした魚の切身をおからに混ぜ合わせた大分県の郷土料理である。さっぱりとしたおからの旨みと魚の旨みが絡み合って焼酎や酒にも合うが、めしのおかずにもいい。おからは豆腐屋の店頭で、よく丸い団子にして売られている。パン屋でパンの耳を買ったり、豆腐屋でおからを買ったりすると少し得をしたような気分になるものである。三〇代くらいまでは、買いに行くと豆腐屋のおばちゃんから「若いのに、おからの料理

なんてして偉いわねぇ」などとよく感心され得意になったものだが、さすがにこの頃はそういうこともなくなった。おからは豆腐屋で売られている出来立てのふんわりしているものがうまい。

さて作り方。まず、アジの切身に塩をして一〇分ほどザルに並べておき、そのあと水を使わずに酢だけで塩を洗い流し、レモン汁をかけて置いておく。このとき水で塩を洗い流すと後で魚の臭みが出てしまうので注意。魚はアジではなくて、いわしやまぐろなど、だいたいどんな魚を用いてもいい。また、さばや小肌の酢じめなどを買ってきてかわりに使ってもいい。

次に、おからを煮る。大きめの鍋にサラダ油と菜種油を半々くらい、それにごま油を少し加えて弱火で熱する。そこへ生姜と長葱のみじん切りを入れて軽く炒め、おからを放り入れる。ソフトボールくらいの大きさのおからの分量に対して、長葱を一本、生姜は握りこぶしの半分くらいの大きさだろうか。このへんは、好みでよいと思う。木べらで辛抱強く、ゆっくりと焦がさないように、鍋底にかかりと固まりそうなおからをこそぐように、水気をとばして混ぜながら煎っていく。なかなかじれったく根気のいる作業だが、ここだけは時間をかけてやらねばならない。一五分から二〇分くらいかかるだろう。おからの水分がとんで香ばしいにおいがしてきたところで、玉杓子《たまじゃくし》一杯ほどの分量のごまを混ぜ入れ、続いて全体にうっすら塩味がつく程度に、酒、塩、うすくち醤油を加え、軽く炒めていく。うすくち醤油が無ければ、塩を多くして普通の醤油を香り程度に入れたらよい。そのあと酢を入れるのだが、煎っているおからをよけて鍋底にこびりついたおからにかけて、こそぎ落としながら混ぜ合わせる。分量は、やや多めで全体がしっとりする程度入れる。千鳥酢など、出来るだけ上等のものがよいと思う。

こうして炒めたおからがすっかり冷めたら、下ごしらえしておいたアジと、細切りにした大葉二、三〇枚とみょうがを五個ばかり、葱を一本薄切りにしたものを、どさっと混ぜ合わせる。味をみて足りないようだったら、うすくち醤油、酢で好みの味に調える。木べらでペタンペタンと軽く固めて、味をなじませるために小一時間ほど置いておくと出来上がり。夏場なら冷蔵庫で冷やすとおいしい。

僕はときどき、残ったきらずまめしをホットサンドの具にして食べる。

アクールーニ

マダガスカルは世界でも有数の米のめしを食べる国だ。この国の食堂へ行くと、目の前に大きな皿を二つ並べ、一方の皿には肉や魚を煮た料理、もう一方の皿に

はめしを山のように盛り、みんな実にうまそうに食事をしている。左手にフォーク、右手にスプーンを持ち、肉や魚をスプーンで小さく切ると、くるりとまわして口にほおばり、追いかけるようにして料理の汁をスプーンで掬ってめしにかけ、またほおばる。めしに汁をかけて食べるうまさを知り尽くしているのだ。むしゃむしゃ食べながら、ときどき二つの皿の傍らに置かれたスープを飲む。ほんのりと塩をきかせた湯に、葉を一枚浮かべただけのスープ。何の葉かは知らないが、肉や魚の臭みを無くすものらしい。

僕もそれを真似して食べた。初めはスプーンをまわすのに慣れなかったが、段々と上手になった。しかし調子に乗って食べていると、時々めしのなかに小石が交ざっていて、嚙むとがりっという音がする。ござの上で干した米を手作業で脱穀しているので、小石が交ざっているのだ。気をつけないと歯が欠けてしまいそうだが、マダガスカル人はうまく小石をよけながら食べている。

料理は魚や牛や鶏などの肉をカレーやトマトのスープで煮たりしたものが多いが、僕がもっとも好きでよく食べたのは、アクールーニと呼ばれる鶏肉を生姜のスープで煮たものだった。アクーというのは鶏肉のことである。マダガスカルの鶏肉は、まったく臭みがなく歯ごたえも抜群。日本では、まだこういう鶏にお目にかかったことがない。生姜は細く小さいが、きりっとした辛みがある。

一体こんなうまいスープをどうやって作るのか。きっと僕の知らない香辛料など使うのだろうと思って、同行したマダガスカルにくわしい友人に尋ねると、ただ塩と生姜を入れた水で煮るだけなのだというので驚いた。コンソメなどのスープはおろか、ローリエも、白ワインも、コショウでさえ使わないのだという。

帰国してからもこの味が恋しく、なんとか再現したいとマダガスカルへ通う研究者が記したレシピを見て鹿児島の地鶏で作ってみたら近い味のものが出来たので、以来たびたび食べている。スープの方はあちらの味にはかなわないが、めしは安心して食べられるからいい。米を炊くとき赤米や黒米、押し麦や粟などの雑穀を交ぜるとさらにうまい。

作り方は実に簡単である。地鶏のもも肉を少し大きめに切り分け、輪切りにした生姜と一緒に鍋に入れ、ひたひたの水でアクをとって煮込む。煮汁が鍋底から一センチほど残る程度に蒸発して、このままでは焦げてしまいそう、というところまで煮詰めていく。こうして一度ぎりぎりまで煮詰めることで鶏肉から出汁《だし》が出るのだ。そのあと、ふたたび水を加えてひと煮立ちさせたら、塩で調味して完成。水を加えすぎると出汁が薄まってしまうので、煮詰めた鶏肉のアタマより少し上くらいまでの分量が適当だ。

これで十分うまいのだが、さらにカレー粉を入れればカレー味、トマトを刻んで入れればトマト味、ココナツミルクを入れれば……という具合に、何しろ塩味だけなので、自由に味つけが出来る。あちらではサカイという、ものすごく辛い唐辛子をすりつぶした薬味をスプーンの先で掬って、めしにちびちびつけながら食べる。辛さで舌が麻痺するからだろうか、やたらと食がすすむ。これがあればよいのだが手に入らないので、僕は豆板醬《トウバンジャン》や柚子コショウ、かんずりなどで代用している。素朴な味だから、いくら食べても飽きることはない。

セビーチェ

初めての海外旅行は、南米ペルーへの二週間の一人旅だった。美術大学を卒業した年の春休みのことで、今でもセスナに乗って空から見た巨大なナスカの地上

絵やチチカカ湖に生える葦草《あしくさ》で出来たウロスという島に暮らしていた民族のことを思い出すと胸が高鳴る。

渡航する前にガイドブックを読んでいてセビーチェという料理があると知った。「ペルーへ行ったら、まずはセビーチェを食べてみよう」と、当地での名物料理であることが強調されていたので、是非食べてみたいと楽しみにしていた。ところが首都のリマに到着して、さっそく食堂で注文してみたのだが、それほどおいしいとは思わなかった。どうにもあきらめがつかず、たまたまおいしくない店に入ったのだと、その他にも何軒か店をまわったが、やはり、いまいちだった。それで現地の旅行会社の人に尋ねて、ようやく素晴らしい店にたどり着くことができた。その名も「キング　オブ　セビーチェ」。セビーチェの専門店で、キングを名乗るだけあって店構えも立派であった。さて店に入ってメニューを見てみると様々なセビーチェが並んでいる。トウモロコシやトマト、じゃがいも、玉ねぎなどが入っていて、イカ、海老などの魚介を自由に選べた。はるばる飛行機を乗りついで五〇時間以上もかけて来たという思いがあったし、若かったし、おそらく僕はスペシャルという全部入りを注文したのではないだろうか。食べ終えて、もう一皿注文したかもしれない。この店のセビーチェはうまかった。

なにしろトウモロコシの実が大きいのに驚いた。一粒がラッキョウほどもあり、はじめそれが何の実かわからなかったほどだ。日本でよく売られているおつまみのジャイアントコーンは、この大粒のものを乾燥させたものだ。ペルーではインカ帝国があった大昔の時代からトウモロコシを栽培して食べていたらしい。市内の路上にはセビーチェの屋台も出ていて、昼どきになると勤めの人などが列をなし、サングリアを飲みながらうまそうに食べていた。

ただあえるだけの料理で、食材そのものに頼るところが多いのでペルーで食べたのと同じ味にはならないが、似たものをよく作って食べる。作り方が簡単なわりに、ちょっとしたご馳走の前菜という感じでなかなかいい。

まず蒸し器で、かじきまぐろ（白身の魚ならなんでもよい）、イカ、海老などの魚介と、皮をむいたじゃがいも、切り分けたトウモロコシをまとめて蒸しておく。魚介には白ワインを少しふりかけて蒸すといい。蒸した魚介はボウルでセロリのみじん切りと混ぜ合わせ、多めのオリーブ油、酢、コショウ、カイエンペッパーをふりかけて冷ます。別のボウルにはスライスした紫玉ねぎ、アボカド、蒸しあげて一口大に切ったじゃがいも、そぎ切りにしたトウモロコシを入れる。食べる直前にこれら二つのボウルの中身をざっくり合わせ、パクチーのみじん切り、レモンの皮の白いスポンジ状の部分をそぎとって細く切ったレモンピールとレモン汁を加える。最後に塩、カイエンペッパーで好みの味に仕上げる。トウモロコシは缶詰ではなく、生のものをゆでた方が圧倒的に風味があっておいしい。魚介のかわりに鶏肉を使ったり、また、じゃがいもではなく、さつまいもや里芋など他の芋を使ったりしてもいい。

アメリカの弁当箱

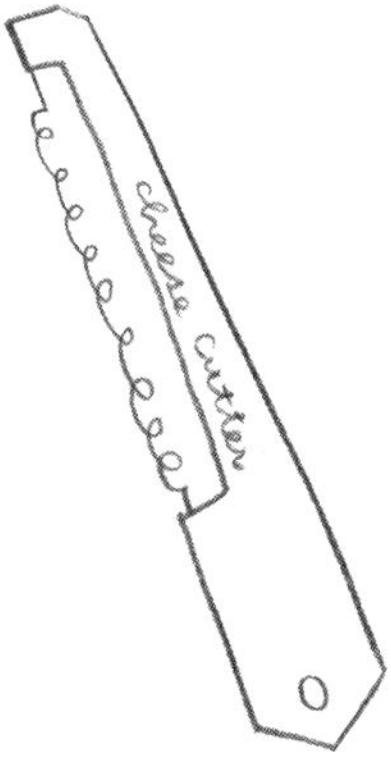

台所では、何本かある包丁のなかで一〇〇円で買った包丁が主役になっている。もともと上等なものを買うまでの間に合わせのつもりであったが、思いのほかよく切れるので、使っているうちにだんだんと愛着が湧いてきた。一日使うと夕方には切れなくなるので、毎日、砥石《といし》で砥がねばならない。台所へ行くと、なんと

なくこの包丁が砥がれるのを待っているような気がする。

日々の調理は、だいたいこれで間に合っていたのだが、少し前にチーズ切り専用の包丁を購入した。コの字型の枠にバネを伸ばしたような針金を一本ぴんとはってあるだけのものだから、包丁とは呼べないかもしれない。長い棒状のプロセスチーズを切るとき、刃にぺたっとチーズが吸いつくようになって、やたらと力を入れなければならなかったが、この包丁を使うとずっと楽になった。

我が家ではしばしば、プロセスチーズを使った手軽な前菜で酒を飲みはじめる。そのひとつが「アメリカの弁当箱」と呼ぶものである。ただ皿にプロセスチーズとハムとりんごとパンを切って皿に並べただけだが、四つの組み合わせは実にすぐれている思う。もうずいぶん昔、学生時代にアメリカから帰国した友人に、向こうの学校では弁当にこの四つをハンカチで包んで持っていくのだと聞き、スケッチの折などに真似て持っていった。なかなかおいしいので酒の肴にもして、いつしか「アメリカの弁当箱」と呼ぶようになった。皿からつまんで一口ずつ順番にかじっていくと、口のなかで混ざり合い、絶妙なハーモニーが生まれる。

まずいまぐろのうまい食べ方

鮨屋のネタ箱に並んだ、しっとりとひかえめな赤色をしたまぐろを切ってもらって酒を飲む。まぐろは、なんと言っても赤身である。そしてときどき中トロ。

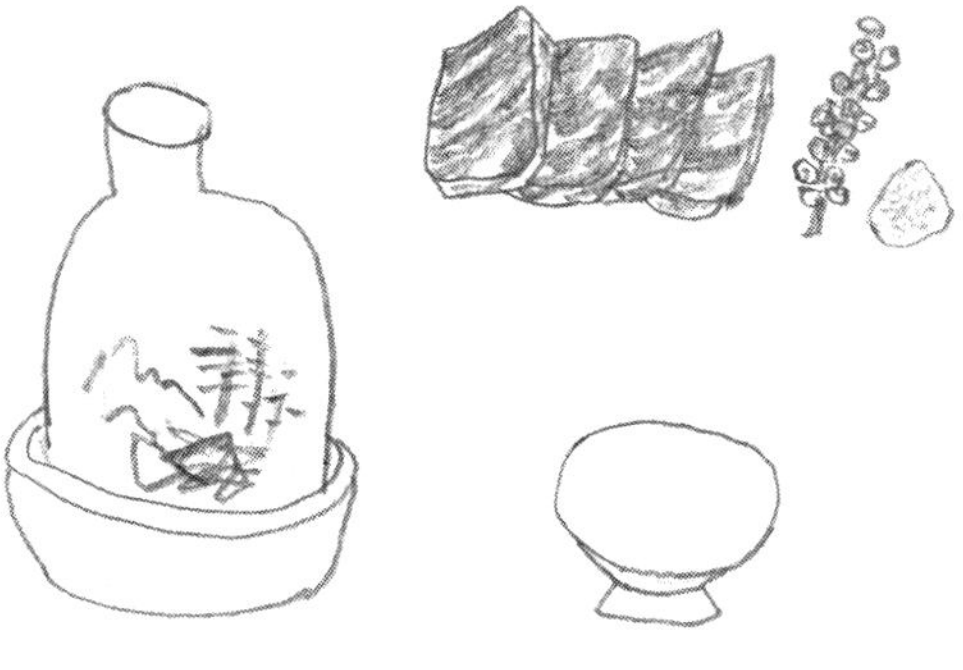

「大将、まぐろ、赤身。刺身で」

「はいよ」

「それから、これ。もう一本。カンカンに熱くして」

と徳利を持ちあげる。このような情景を思い浮かべると、いてもたってもいられなくなり、すべてを打ち捨てて鮨屋へ向かって駆け出していく。本当は、鮨屋は刺身などではなく、握りを注文してほしいという。それで、まぐろを握ってもらって酒を飲むこともあるが、これもまたうまい。僕は、冷たい鮨であたたかい燗酒《かんざけ》を飲むのがたまらなく好きだ。どうやっても、東京の鮨屋のまぐろはうまいのである。


さて、家でまぐろを食べるとなるとこうはいかない。うまいまぐろは魚河岸から鮨屋や料亭へ流れて、なかなか一般家庭まではまわってこない。懇意にしている魚屋でもあればまだよいが、スーパーなどへ買いに行くと、本まぐろの他に、きはだまぐろ、びんちょうまぐろなど色々あって、産地や値段も様々、部位も赤身、中トロ、大トロと分けてあり、どれを買ったらよいかと迷う。ただ高いものを買えばうまいというわけではない。ちなみに僕は大トロなど大嫌いである。売り場の棚にへばりつくようにしてまぐろのサクを見つめ、よさそうなものを次々と手にとっては、ただただ迷う。たまに僕と同じように真剣に目を細めてサクを見つめている人がいて、ああ、この人もまぐろが好きなのだろうなと思う。

しかし、気合を入れて買ってきても、すじばっていたり、うまみが無かったりまずいのをつかんでしまうことがたびたびだ。年の瀬に奮発して買ってきたまぐろのサクを正月に切って食べてそうだったときの落胆は、相当のものである。そのまま刺身で食べるのをあきらめて、づけや茶漬けにしたところで、まずいものは、まずい。一切れ二切れ食べてこれはだめだと思ったら、酒と塩をふり、炭火で串焼きにして醬油とわさびで食べる。

あるいは、蓋つきの小鍋にごま油をひいてまぐろを並べ、豆鼓《トウチ》を小さくみじん切りにして酒でのばしたのと塩、コショウをふって酒蒸しにする。食べるときに刻んだ香菜や葱をのせて、少し醬油をたらす。和からしがあれば、なおよい。この酒蒸しはとてもうまい。そのまま刺身で食べてうまいのでも、こうやって火を入れて食べようかと思うくらいだ。

もうひとつ、ねぎま鍋にするのもいい。鍋にそばだしをはり、砂糖とみりんを入れ、少々甘くしてブツ切りにした葱とまぐろを煮て食べる。これらは鮨屋では味わうことの出来ない我らが家庭の味である。

コンビーフのホットサンド

誰が考えたか、ホットサンドメーカーというのはよく出来ているなと思う。コンパクトだし、ただ食パンに好きなものをはさんで火にかけるだけで、こんがりと焼けたおいしいホットサンドが出来上がる。なにより僕は、ただ凹型の鉄板を二つ合わせただけのなんとも独特な姿に惹かれ、あるとき金物屋で買ってきた。パンのなかで熱々にとろけたチーズをはふはふしながら食べられたり、パンの耳

がカリカリした歯ごたえになっていたり、この調理器具ならではのおいしいホットサンドを味わうことが出来る。

よく行くバーでホットサンドを注文すると、ウィスキーを飲みながら、カウンター越しに作る様子を眺める。ときどき開いて焼け具合をたしかめたり、ひっくり返して反対側をあぶったり。そういうのを見て、使い方をなんとなく覚えた。

これでパンを焼くときは、火加減だけは気をつけなければならない。パンが焦げないようごく弱火で焼かないと、ちょっと目を離したスキに焦げてしまう。片面が焼けてひっくり返すと、すでに鉄板もパンもあたたまっているからだろう、反対側はすぐに焼ける。隣でコーヒーなど淹《い》れながら、鉄板を開いたりして、ゆっくりと火にあたっている方のパンの焼き色をたしかめながら焼くといい。

ハムとスライスチーズを一緒にはさんで焼くハムチーズサンドは定番だが、ちょっと手間をかけて、普段あまり使うことのないコンビーフに玉ねぎのみじん切り、パセリ、コショウ、コリアンダー、オリーブ油を混ぜ合わせた具なんかもいい。

ちゃつ

飛騨の高山では、乾燥させた朴《ほお》の葉を七輪の炭火の上にのせ、味噌とざく切りした葱をのせて焼く「朴葉焼き」が名物だ。こうして焼いた葱味噌で酒を飲み、シメに残った葱味噌をめしの上にのせて食べる。山里の風情があり、観光名物となっているが、高い山々に囲まれ気温が零下となる冬は、食事のときに漬物や天ぷらなど何でもこの朴葉の上にのせてあたためて食べる習慣がある。朴葉の香りがなんともいい。

高山では毎年春と秋の二回、江戸時代から続く高山祭りが行われている。その昔は、この祭りの日に地主が小作人たちを家へ招いて徳利の酒と楪子《ちゃつ》と呼ばれる中皿に赤飯、ひめたけやぜんまいの煮付、天ぷらやかまぼこなど、飛騨地方ならではの料理を盛り合わせたご馳走でもてなしていたらしい。

あるとき高山で本式の楪子を食べて以来、我が家では、色々なおかずを一人前ずつの中皿に盛りつけたのを、「ちゃつ」と呼ぶようになった。お客が来たときなど、大皿にどんと出して、どうぞどうぞとすすめるのもよいけれど、こういう一人皿はお互いに気遣いしなくていいし、お酒もこの方がのんびり飲めるような気がする。

春は、まぐろや蛸の刺身、かまぼこ、うずらの卵、里芋や蓮根、牛蒡《ごぼう》の煮しめ、菜の花、昆布じめ、うどなどを盛る。夏なら、ポテトサラダ、きゅうり、ピーマン、アルファルファ、アスパラガス、トマト、ソーセージ、ハム、竹輪、チーズなどを盛り、マスタードとマヨネーズを合わせたのを傍らにのせる。季節のものを集めて、色どりや盛りつけ方を工夫するのが楽しいのだ。

めざしの炙り方

炭火で炙《あぶ》っためざしは、うまい。皮がぱりっとしていて、やわらかい身からは潮の香りが漂ってくる。もちろん酒の肴にもよいけれど、僕は数本炙って、よくめしのおかずにして食べる。ほんの少し醬油をたらしためざしをかじりながらめしをかき込んでいると、ああ、なんと幸せなんだろうと思う。めしが麦めしで、それに、ナメコと青ネギの味噌汁。

むしゃむしゃと骨ごと食べるめざしには、菜の花やほうれん草、明日葉などの少しアクの強い青菜のおひたしが合うように思う。

めざしは、なにより新鮮なものがいい。市場で海の色を映すように青く光った

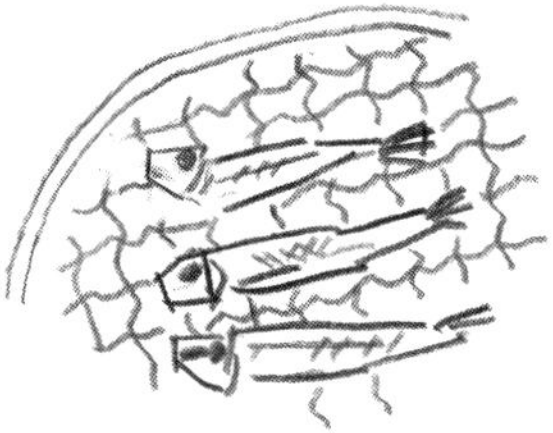

新鮮なめざしを見つけると、迷わず買ってしまう。そして大切なのはその炙り方だ。やや大きめの弱火でさっと炙る。火が強すぎると焦げてしまうし、弱すぎると焼けるまでに時間がかかりすぎて乾燥でポリポリになってしまう。なにしろ身が小さいので、火加減に大きく左右される。ガス火でもオーブンでも火は通るが、これぱかりは炭火で炙った方が格段にうまい。

炙るときは頭のなかでめざしの姿を拡大して頭やはらわたに火が通っていく様子を想像しながら、目と鼻を使って色と香りの変化に集中する。火にあたっている側の皮の青色が消え、白くかりっと香ばしい感じになり、ほんのり焦げ目がついたら、ひっくり返して反対側を炙る。もう身に火が通っているから、さっと表面を炙る程度でよい。ひっくり返すのは一回だけである。

こう書いたが、案外難しいので、失敗を覚悟で何度かカンを頼りにやってみるしかないだろう。めざしが上手に炙れるようになると他の魚もうまく焼けるようになる。また、長く冷蔵庫に入れておくと、乾燥して焼く前からポリポリになってしまうので買ってきたら早めに食べた方がよい。

ねばねばと、ぐちゃぐちゃ

方々旅をして街の酒場を飲み歩いていると、ときどき思わぬものに出会うことがある。「ねばねば」の方は大分県の日田《ひた》の居酒屋、「ぐちゃぐちゃ」は鎌倉のあるスナックで知った。

「ねばねば」というのは、ただ納豆にねばねばしたものを足すだけの酒の肴で、ねばねば一から、ねばねば三まである。一はオクラ、二はめかぶ、三は山芋という具合に、ねばねばした仲間が増えていくのだが、ひとつ足されるごとに値段が五〇円ずつ高くなっていく。いずれも葱とおかかを薬味に醤油を落として食べる。ねばねばした食べ物は糖尿病にいいと聞いたことがあったので、食いしん坊で酒飲みの僕はその予防にもなるかもしれぬと、家でもよくこのねばねばを作って食べるようになった。

作り方は簡単だが、オクラは切ってからゆでないと、ねばねばが出てこない。また、めかぶはパックのものではなく生の方が香りも歯ごたえもあって、だんぜんおいしい。茶色く光りグロテスクな感じのするめかぶの塊を大鍋に沸かした湯に放り込み、さっと鮮やかな緑色に変色するのを見るのは楽しい。お湯からあげ流水でぬめりをとってまな板の上でたたいて細かくして食べる。

めかぶは足が早いので、僕は、ねばねばを作る分だけ残して、あとはその日のうちに丼《どんぶり》めしやそばの上にどっさりかけて食べてしまう。腹一杯食べても胃が気持ち悪くなったりはしない。

最近、モロヘイヤを加えたが、その後さらに秋田でめかぶによく似た「ぎばさ」という海藻を見つけ、さっそくねばねばの仲間入りさせた次第である。

次に「ぐちゃぐちゃ」の方。ある晩、鎌倉のスナックの隣席で飲んでいた常連客が、ママに向かって、

「ねぇ、ママ、ぐちゃぐちゃ」

とひとさし指をたてて注文するのを聞いた。一体どういうものが出てくるのかと期待していたらそれが出てきた。一センチ四方に小さく切ったパルメジャーノ、あられ、クコの実、かぼちゃの種、松の実、ジャイアントコーン、それにピーナツやカシューナッツなどの木の実をただ混ぜ合わせただけのものであったが、なんと素敵な呼び方であろうか。

そのお客は洒落たガラスの器から無造作にざくっとそれを手でつかんで口に放り入れ、バリバリむしゃむしゃとうまそうに食べながら焼酎の水割りをすすりはじめた。僕も、

「ぐちゃぐちゃ、ひとつ」

と注文。それがぐちゃぐちゃとの出会いだった。塩からいあられにパルメジャーノチーズが絡み、そこに木の実の香ばしさ、クコの実のほのかな酸味と苦味が加わり、口のなかで混ぜ合わさっていく。万全である。以来、家でも、ほっぺを膨らませ、ハムスターのように、ぐちゃぐちゃをポリポリむしゃむしゃやるようになった。

一番おいしい刺身

母方の祖父は、よく酒を飲んだ。ひとたび床についた後でも、酒が足りないと夜更けに起きあがり、台所で一升瓶から湯呑みに注いで飲むほどだったらしい。母の話では、祖父の酒はいつも楽しく、酔うと拳でテーブルを小さくたたいて調子をとりながら十八番であった近江俊郎の「湯の町エレジー」を口ずさんだそうだ。残念ながら大人になるのが追いつかず、僕はこの祖父とついに酒を飲むことが出来なかったが、亡くなったときの形見に黒いマントをもらった。それを壁にかけて祖父を偲び酒を飲むことがある。工場へ勤めて機械の設計などの仕事をしていたが、器用な人で大工仕事などもやり、家も自分で建てた。遊びに行くといつも背広を着て、中折れ帽に丸眼鏡というお洒落な出立ちで自転車の荷台にふろ

しきでくるんだ弁当をのせて仕事に出かけていた。大正生まれのこの祖父に僕はずいぶん可愛がられた。

祖父の家は、町はずれのなだらかな山に囲まれた小さな一軒家だったが、盆や正月になると親戚が集まり宴会が行われた。宴が盛りあがると、台所から燗をされた酒が次々と客間に運ばれていった。僕や兄弟、従兄《いとこ》たち、子供も一緒に座ってごはんを食べたが、弟は刺身の大皿からウニと鮑だけ集中的にとったりしてよく父から叱られていた。やがて、ボンボン時計が夜九時の鐘を打つと、襖《ふすま》で仕切られ布団が敷かれた隣の部屋でいっせいに寝かされた。

小さな豆電球だけの暗がりのなかで目をつむるのだが、隣の部屋から聞こえてくる大人たちの笑い声や唄声でなかなか眠れない。大人たちは祖父の郷里の民謡「安来節《やすきぶし》」がはじまると、ひときわ盛りあがった。一体、どういう状況かと気になって、そっと開いた襖の隙間からのぞいてみると、祖父が頭に手ぬぐい頭巾をかぶり下唇と鼻の穴にマッチ棒を二本立て、実にマヌケな顔をしていた。竹ザルを手でくるくるさせて、どじょう掬いを踊り、傍らでは祖母が座布団の上に正座をして赤らめた顔でケラケラ笑いながら唄っているのだった。やがて手ぬぐいとザルが父に手渡されると、父も鼻の穴にマッチ棒を立ててどじょう掬いをはじめたが、足もとがふらふらしていて何度も転びそうになった。しばらく弟と息をひそめてのぞいていたのだが、ついふき出してしまって見つかった。ふたたび寝かされたが、そういう楽し気な酒宴をみて僕も早く大人になって、あそこへ交ざって酒を飲みたいなと思ったことを今も覚えている。

父方の祖父はまったく酒を口にせず、正月もジュースで乾杯をしていた。家で酒を飲む習慣がなかった僕の父は、母の実家で酒の飲み方を教わったらしい。酒をおぼえたての頃、酔って母に絡み、いつもは温厚な祖父から「お酒は楽しく飲まなければなりません」とぴしゃりと言われ、びっくりしたことがあったという。

たしかに祖父はいつでも顔をほころばせて、

「手酌をすると末代まで貧乏がたたりますけなぁ」と言って、まわりの人たちと差しつ差されつ、うまそうに飲んでいた。

魚釣りが趣味だった父は、海からの帰りに祖父の家へ行くことが多かった。釣った魚を手土産にするつもりであったようだが、たいがい丸坊主。帰りによく魚市場で買っては「今日はこんな立派なのが釣れましたばい」などと冗談を言って祖父母に手渡していた。

そんな父に、一緒に飲んでいた祖父がなぞなぞを出したことがあった。

「豊さん、酒を飲むのに、何という魚の刺身が一番うまいか知っとりますかな」

「そりゃあ、鯛でしょう。あ、いや、河豚《ふぐ》でしょうか……」

盃を置き眉間に皺《しわ》を寄せて、まじめに考え続ける父に向かって、へっへっへと、にやけ顔をした祖父が、

「それはね、『ちょっと』という魚じゃよ」

と言った。父は一瞬自分の知らない魚の名かと思ってきょとんとしていたが、すぐに一本とられたと大笑いとなった。

僕は、この祖父の酒呑みらしい、酒の肴の本質を突くような一言が好きで、今でもよく思い出す。お酒を飲むときのお膳の刺身は、たしかに、「ちょっと」がうまいと思う。

砂肝の前菜

砂肝は焼き鳥屋ではよく食べるけれど、自分で調理するとなると下ごしらえの仕方がわからないので敬遠するという人が多い。安いし、ちょっとした酒の肴にはいいので、もったいないなと思う。下ごしらえは硬いスジの部分をとるだけでいい。

以下、手軽な前菜をいくつか。

まずは砂肝パクチー。鍋にセロリの葉とローリエを入れた湯を沸かし、白いスジの部分をとり、蝶形《ちょうがた》に切った砂肝をゆでる。ゆであがったらザルにとって、水気を切ってボウルに入れ、みじん切りにしたセロリ、にんにくを混ぜ合わせ、オリーブ油、塩、黒コショウ、酢、レモン汁で調味する。皿に盛り、パクチーを刻んでのせる。砂肝の風味にパクチーの香りがなかなか合う。

次に、砂肝のくるみあえ。くるみ、葱、にんにく、生姜のみじん切り、ごまを味噌と混ぜ、しゃもじにぬって弱火であぶったものを、蝶切りしてゆでた砂肝とあえる。

もうひとつ、砂肝の酢醤油。白いスジの部分をとり、薄切りにして、さっとゆで、葱、生姜のみじん切り、酢、レモン汁、醤油、ごま油であえる。

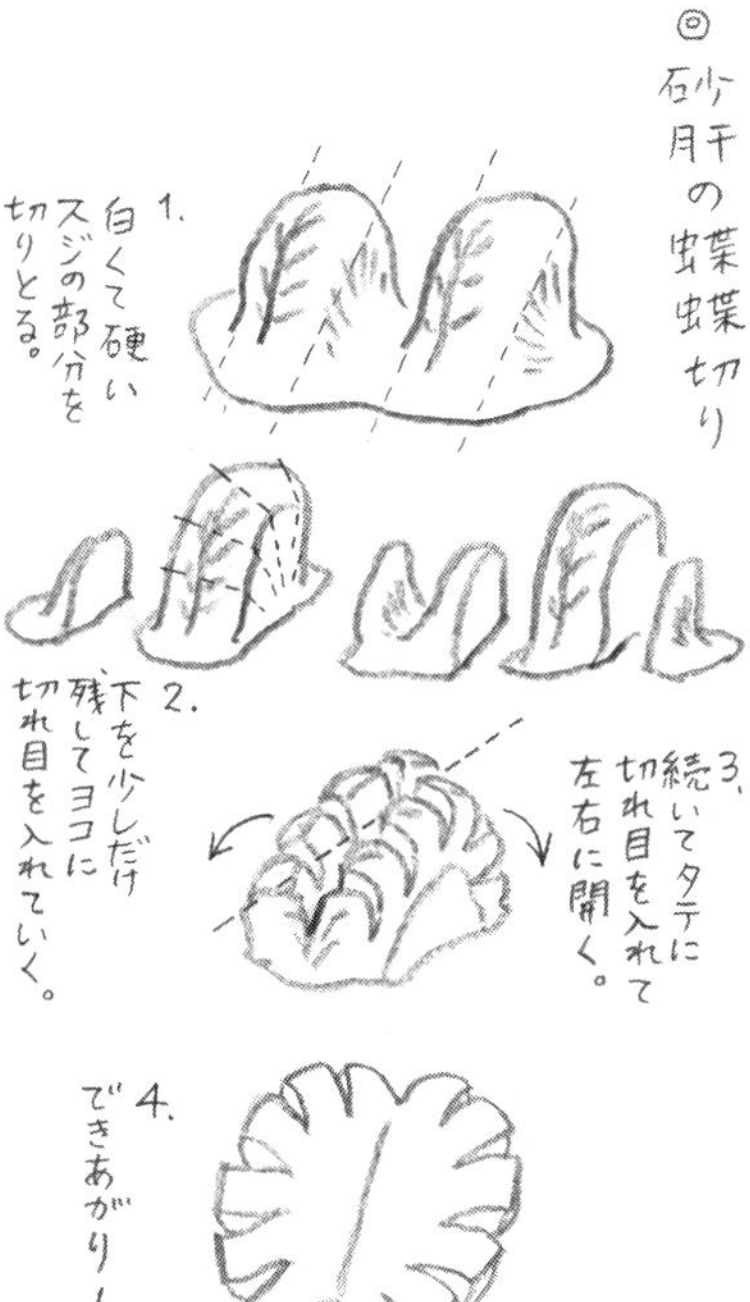

◎砂肝の蝶々切り
1.
白くて硬い
スジの部分を
切りとる。
2.
下を少しだけ
残してヨコに
切れ目を入れていく。
3.
続いてタテに
切れ目を入れて
左右に開く。
4.
できあがり！

8オンス

ウィスキーのハイボールは、ウィスキーを炭酸で割るだけなのだが、おいしく作るにはちょっとしたコツがいる。ハイボールは炭酸の泡がプチプチと立ちのぼっていないとうまくないのだ。

僕は、はじめにグラスにウィスキーを注ぐ。そのあと大きめの氷を二つ、三つグラスいっぱいに入れて氷の隙間から勢いよく炭酸を落として、そのまま混ぜずに飲む。マドラーを使わずに、炭酸を落とす勢いでウィスキーと炭酸を混ぜてしまうのだ。ウィスキーの分量は、大まかに言ってウィスキー1に対して炭酸3くらいだろうか。そのときどきによってちがう。よく食中酒として飲まれる日本酒や赤ワインの度数がだいたい13から15度くらいだから、40以上度数のあるウィスキーをこの比率で割ると、それらと同じく食中に飲みやすくなるという理屈である。食後に氷を入れずに、比率を2対1くらいに変えて少し濃いめのハイボールを作り、チョコレートなどつまみながら飲むのもおいしい。

グラスは、8オンスのタンブラーをいつも使う。手に持った感じが好ましく、一杯飲み終える頃に氷がほどよく溶けて薄まるのがいい。これより大きいと、氷が溶けて飲み終える頃に水っぽくなってしまう。また、小さいとすぐ飲み終えてしまい、おかわりが忙しい。ウィスキーハイボールを楽しむのに、僕にはこの大きさのグラスが丁度よい。

バーと老紳士

小津安二郎の映画「彼岸花」に出てくる、白いバーコートに黒の蝶ネクタイ姿のバーテンダーがいるような老舗のバーが好きで、繁華街を歩いてまわるときは、必ずといっていいほど、そういうバーを探す。昭和の時代に、洋酒にある種の憧れをいだいてつくった店が好きなのだ。その映画に登場する店の名は「ルナ」と

いう。銀座の路地裏にあるようなバーだ。そういえば、勤めていた広告制作会社の入社試験のときに、「サントリーオールドの現状をふまえた広告ビジュアルを作りなさい」という問題が出て、僕はこの「ルナ」という店を記憶で描いた。

最近はこうした店が少なくなったが、少し前まで銀座のみゆき通りに「ヨシダ」というバーがあった。芸術家の岡本太郎さんも通ったらしい。中野には、今も山のロッジのようなつくりの「ブリック」という店があってよく行く。

先日は、鳥打帽に背広姿の老紳士が止まり木に腰をおろし、「うむ……。角の水割りちょうだい」と、何の気負いもなく注文していた。古くからの常連らしく、実に落ちついていた。バーテンダーは、ただこくんとうなずいただけで水割りを作りはじめる。やがて老紳士が小皿に出されたチョコレートをつまんで静かに飲みはじめると、そこにはなんともいえない幸せなバーの空間が出来上がった。店の雰囲気に実によくなじみ、まるで一枚の絵のようだ。見ているだけで僕のウィスキーまでおいしく感じられる。老舗のバーには、こんな老紳士が似合うなと思いながら、傍らで僕は、まだまだ若輩者だと感じるのであった。

ハギスとアイラモルト

ウィスキーが好きで、毎晩食後に木の実やチョコレート、チーズなどをちょっとつまんだり、デザートのバニラアイスや干しイチジクを食べたりしながら飲む。

僕は長い間、この酒は世界中どこの国でも作られているものだと思っていたのだが、あるときスコットランドとアイルランド、アメリカ、カナダ、そして日本だけで作られる酒だと知った。

ふるさとであるスコットランドのウィスキーには、産地ごとに味の特徴があるが、アイラ島にある蒸溜所で作られるものはアイラモルトと呼ばれ実に個性的な味と香りがある。なかでも「ラフロイグ」というウィスキーが好きで、数年前に取材でこの蒸溜所を訪ねたときはうれしかった。

さて、ウィスキーに合う料理はどういうものがあるか。本来、ワインや日本酒のように食事と一緒に飲む酒ではなく、食後の楽しみである。水や炭酸で割るとだいたいの料理と合うが、ストレートとなると合う料理はそうない。ウィスキーの原酒は、麦芽をピートと呼ばれる泥炭で燻《いぶ》して作られるが、このピートは、スコットランドの海風が吹く丘に生えるヒースという草花が長い年月堆積して出来たもので、塩の香りを多く含む。それが麦芽に移るから、サーモンやカキなどの魚介料理との相性はいい。

スコットランドには、国民的詩人であるロバート・バーンズの誕生日にバグパイプを奏で、彼の詩である「ハギスに捧げる詩」を朗読して食べる「ハギス」という伝統的な料理がある。羊の内臓と様々な薬草を詰めた羊の胃袋をゆでてウィスキーをかけた料理だ。

僕は現地で食べたことはないのだが、本で見たり都内のバーで食べたりしたのを参考にして、ときどきそれらしきものを作る。これが、なかなかおいしい。

まず、じゃがいもをゆでてつぶし、塩と黒コショウをまぶしてマッシュポテトを作る。次に蕪を蒸して皮をむき、みじん切りにする。最後に、フライパンにオリーブ油をひきローリエを入れ、塩と黒コショウ、コリアンダー、セージ、ローズマリー、タイムなどのハーブをややきつめにかけた牛肉のミンチと玉ねぎのみじん切り、オートミールを混ぜ合わせて炒め、仕上げにシングルモルト・スコッチウィスキーをふりかける。これらマッシュポテト、蕪のみじん切り、炒めた牛肉の三つを皿に盛り、少しずつ混ぜながら食べる。本来は羊の内臓を用いるので、もっと臭みのあるものだろうと思うが、この「憧れのハギス」はストレートで飲むウィスキーと実によく合う。

三分おつまみ帳

酒場へ向かうとき、いつもより足どりが早くなっているとよく人から笑われる。人気の酒場へ行くときなどは席が埋まったら大変だと駆け出したりすることもある。酒呑みは、みっともないほどせっかちなのである。さて、酒場に到着すると最初の一杯目をビールにするか、レモンハイにするか、あるいは、燗酒から

はじめようか、と少しまじめな顔つきで思案しながらも一刻も早く飲みはじめたいと思う。以前、大阪の酒場で一緒に行った地元の染色工場の社長が席に着くなり店の人に向かって手をあげて「とりビー」と叫んだので、何の酒かとたずねると「とりあえずビール」という意味だった。せわしないことだが、僕なども、家で湯あがりに冷蔵庫からビールをとり出したあとは、ピーナッツでも、えびせんでも、つまみは何でもいいから、まずは一杯飲みたいと思う。以下、そのようなせっかちな「酒呑み」のためのおつまみ。いずれも安酒場でおぼえたものばかり。酒を飲みはじめるのに、大した肴はなくていいのだ。

チーズクラッカー

プロセスチーズとクラッカーを皿にのせる。プロセスチーズに、ちょっと塩をつけて食べるとさらにうまい。

サラミソーセージとチーズ

サラミときゅうりを斜め薄切りにして、切ったチーズと一緒に皿に盛る。クラッカーを添え、好みで塩をふる。サラミのかわりにハムやコンビーフもいい。

チーズ海苔巻

切ったチーズに海苔を巻いて皿に並べる。

冷奴

冷奴を切って、葱、生姜、かつお節の薬味をのせる。ガラスの器に氷水をはって豆腐を切り入れ、薬味と醤油を入れた小皿にとって食べる。

しらすたらこおろし

たらこを輪切りにして、しらすと大根おろしと一緒

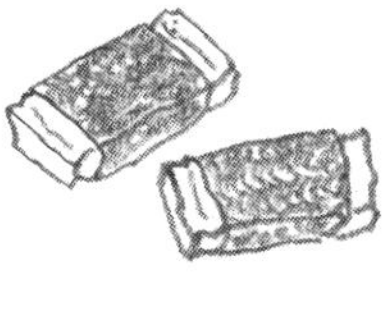

に皿に盛る。大根は、三角の山の歯がついた竹製の「鬼おろし」でおろすと、しゃりしゃりした歯ごたえが残っていい。たらこは表面にうっすら焼き色がつく程度の「ちょい焼き」にしたのもいい。

冷やしトマト

トマトのへたを包丁の先で三角錐《すい》状に切りとり、二〇秒ばかり熱湯にくぐらせて皮をむく。へたを切りとったところにフォークを刺して、やかんの湯をかけて皮をむくという荒技もある。切り分けて塩をふって食べる。

ソーセージ缶の直火焼

ソーセージ缶の蓋を開け、そのまま火にかけてゆで

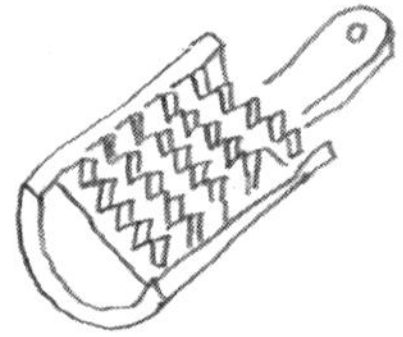

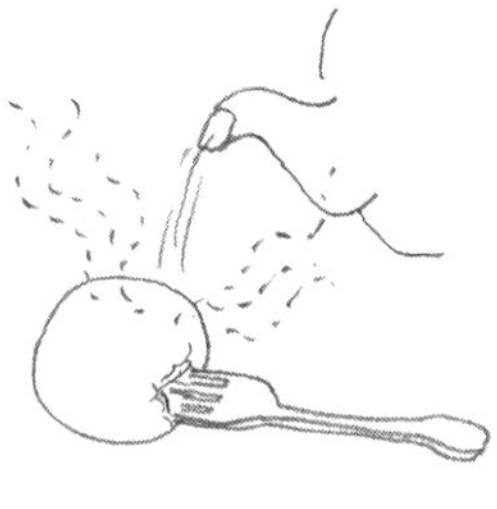

る。からし醤油でいただく。

玉ねぎの酢づけ

厚めのくし切りにした玉ねぎに塩と酢をしてしばらく置く。小皿に四、五片のせるのがちょうどよい。

きゅうりの酢づけ

薄切りにしたきゅうりを軽く塩でもみ、酢、おろし生姜であえる。

こうしたものは、わざわざ記すほどのものではないと思われるが、酒呑みにとってはありがたい一皿である。以下、もうひと手間かけた一皿。

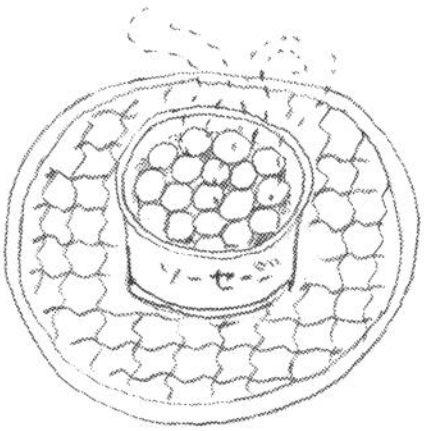

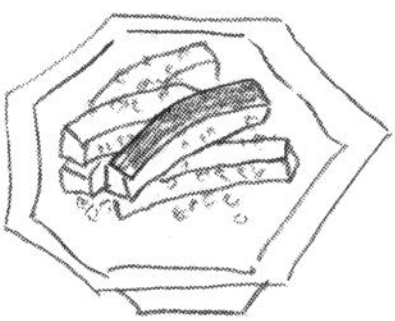

ねりもの天国

薄切りにした竹輪、魚肉ソーセージなどのねりものをサラダ油をひいたフライパンに並べて弱火で焼く。表面をこんがり焼いてカリッとさせるのがコツ。キャベツの千切りと一緒に皿に盛る。パセリなど添えるともう少し雰囲気がよくなる。おろし生姜醤油やマヨネーズやケチャップなどをつけて食べる。我が家では、これを「ねりもの天国」と呼んでいる。

はんぺん焼き

はんぺんの表面にハケでサラダ油をぬって網で焼く。ハケが無ければ匙でもかまわない。わさび醤油が合う。焼きあがったところにバターをぬるのもいい。

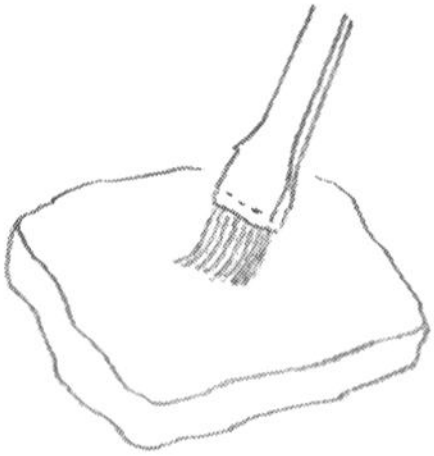

しめサバ

わさび醤油や生姜醤油で食べるのもよいけれど、きゅうりの細切り、三つ葉を添え、和からしと醤油で食べると、とてもおいしい。

アボカドと海老

ゆでた海老のブツ切りとアボカドの八ツ切りをオリーブ油、レモン汁、コショウ、塩であえる。

ツナとトマト

油をよく切った缶詰のツナをボウルに入れ、玉ねぎとパセリのみじん切り、トマトの小さな角切り、レモンピール（皮をナイフで薄くそぎ、白い綿の部分をそぎ除いたもの）の細切り、オリーブ油、塩、コショウ、

レモン汁であえる。皿に盛るとき、かいわれやサラダ菜などを添えると、少し立派に見える。

じゃこ天もやし炒め

フライパンにごま油とサラダ油を合わせてひき、細切りのじゃこ天、もやしの順でさっと炒める。味つけは塩、おろし生姜、醬油。生姜は生のもの、もやしは細い方がうまい。

さつまいもバター

フライパンをごく弱火にかけてバターをひき薄切りのさつまいもを並べて焼く。片面がこんがり焼けたら一枚ずつひっくり返して、両面焼く。

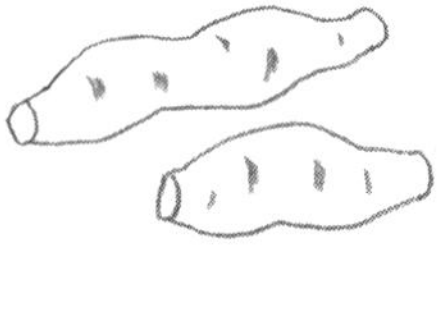

ブルーチーズとハチミツ

酒屋であれこれ迷った末に買ったワインの栓を抜くときのうれしさといったらない。以前甲府の人たちが庭先に集って出来上がったばかりのワインを一升瓶から湯呑み茶碗に注いで飲むのを見て、その様子があまりにもうまそうだったので、よくその真似をして飲む。なんとなくワインと呼ばずに、葡萄《ぶどう》酒といった方が味が濃くてうまそうだなとも思う。葡萄酒を飲むには、わざわざ手の込んだ料理を用意しなくとも、ピーナツやオリーブの実、フランスパンとハムやチーズなどがあれば十分だ。フランスパンには、レバーペーストやクリームチーズもいいが、ブルーチーズとハチミツをのせて食べるのもなかなかうまい。

スモークサーモンとクリームチーズ

白ワインやシェリーに合う。スモークサーモンを薄切りにして皿に並べ、オリーブ油、レモン汁を絞りかけ、黒コショウをふる。好みで、塩、玉ねぎのスライス、クリームチーズ、あればケッパーと湯むきしたトマトの薄切りを一緒に盛って、少しずつパンにのせながら食べる。パンはライ麦パンがいい。

洋梨とカマンベールチーズ

ワインのおつまみ。洋梨にカマンベールチーズを小さく切ったものをのせて皿に盛る。ハムやステーキなどの肉類やチーズ。りんごや干し葡萄、オレンジやイチジクなどの果実。それにハチミツ。これら三つのカテゴリーを自由に組み合わせると楽しい。

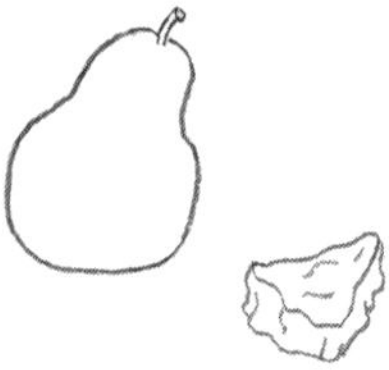

ゆで卵

東京駅から新幹線に乗る前にホームの売店をのぞいたら、菓子や雑誌に交ざってゆで卵が売られていた。ひとつ買って座席で食べる段になり、ああ、そういえ

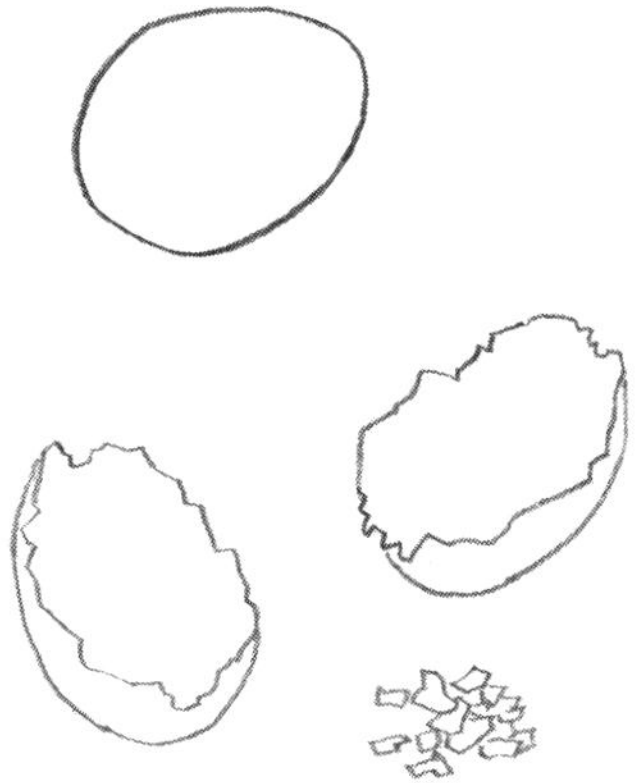

ば、殻をむくのが苦手だったことを思い出した。いつも殻と一緒に白身もむしってでこぼこにしてしまい、見るも無惨となってしまうのである。

ところが、この売店で買ったゆで卵には小さく折りたたんだ紙が添えられていて、開くと図版入りで親切に殻のむき方が記してあった。おおっ。その指南書にはアタマとオシリに順番にひびを入れ割り、続いてその両方をつなげるようにタテに細く線状に薄皮と一緒に殻をむしりとっていき、アタマとオシリがつながったところで、左右に殻を引いて外すと書いてあった。それで忠実にその通りにやってみたところ、卵の形を残して殻が外れ、つるつるの美しい白身が姿を現した。人生初のことで、ゆで卵の殻が美しくむけることがこんなにうれしいとは、と感動のあまりまわりに座っている見知らぬ乗客たちにもこのことを伝えたくなった。

ついでながら、うずらの卵の殻のむき方。ゆでたあとに鍋の湯を捨てて、そこにゆであがったうずらの卵を入れ、フタをしてシャカシャカとふって殻にひびを入れてむくといい。

野菜を塩でもむ

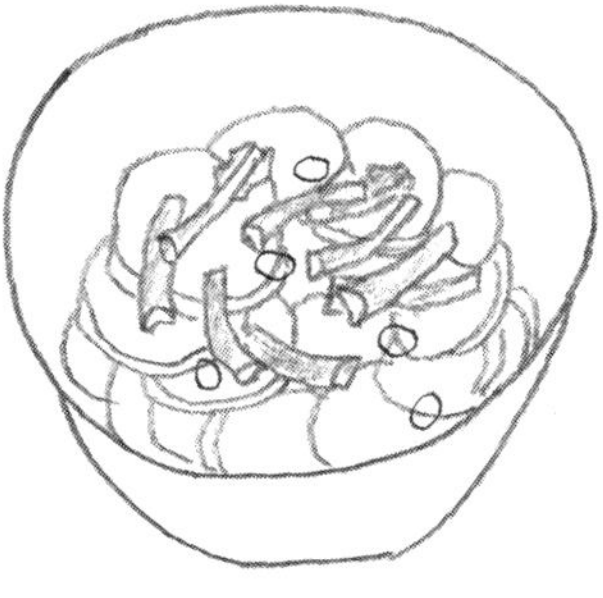

ほとんどの野菜は塩でもんだだけで食べられる。大根でもキャベツでも、使い道に困ったら塩をして置いておけばいい。何日も冷蔵庫に保存しておくよりずっ

といいと思う。野菜の鮮度も楽しめ、生臭さもとれておいしいし、めしのおかずによし酒の肴によしで日もちもする。次の三つは、我が家の定番。

蕪

蕪をよく洗い、葉っぱのところを切り捨て、実は皮をむかずにそのままタテに薄く切る。細い茎部分は四、五センチくらいに切る。そうやって切った蕪をボウルで混ぜ合わせ、塩をふりかける。塩の分量は、ボウルに混ぜ合わせた蕪を食べるのに、どのくらいの塩の量が丁度よいかというのを目安にすればよい。一五分ばかり置いて水が出てきたら手で軽く絞り、ひとつかじって味見する。塩がきつかったら、さっと水にひたして絞る。食べるときに醤油をたらせばよいから、塩は少し足りないくらいがおいしいと思う。最後に針のように細く輪切りにしたタカのツメと酢を混ぜたら出来上がり。このとき酢を、入っているかいないかわからない程度に小匙で分量を加減しながら入れるのがおいしく作るコツだ。

きゅうりとなす

きゅうりとなすの、それぞれ頭と尻を切り捨てて薄い輪切りにし、ボウルで塩をする。一五分ばかり置いて蕪のときと同じように塩加減を調整して固く絞る。針生姜、煎りごまと刻んだ大葉を混ぜ合わせる。さらに薄切りのみょうがや、しらすを混ぜてもおいしい。また、きゅうりかなすの、どちらかひとつだけで作ってもよし。

大根の皮

おでんや煮炊きものを作るとき出る大根の皮をアイスキャンデーの平たい棒くらいの幅に切り分け、塩をして一五分ほど置く。蕪のときと同じように塩加減を調整して、ごま油と極細に輪切りにしたタカノツメを少々、醤油と酢を耳かきで入れるような気持ちで少量混ぜ入れ好みの味になったら出来上がり。こりこりした歯ごたえと、みずみずしい大根の辛みがおいしい。

干す

漬物作りには、うまみを出すために何か特別な香辛料を混ぜたり、漬けたあとも色々手間がかかるのではないかと思って長い間敬遠していた。しかし、やってみると実に簡単だった。自分で漬けたものは余計な保存料や調味料の味もせず、素朴でおいしい。つまりは、干して塩をして重しをするだけのことだった。あとは塩の加減だけである。

沢庵

初めて作ったときは、太くぱつぱつの大根が細く皺々の沢庵に化けてずいぶん感動した。東京では一一月の半ばを過ぎると大根がたくさん出まわって日ごとに安くなる。僕が住んでいる国分寺の家の近くの農家では、大根が収穫されると畑のそばの小屋で販売しているので、時期が近くなると散歩のときに寒空の下で青々とした大根の葉が風に揺られるのを眺めて心待ちにしている。そして、いよいよ収穫がはじまると自転車で買いに走り、籠や荷台、背中のリュックいっぱいに大根を積んで家に帰り、葉を落として紐でしばって日陰に吊るす。我が家ではヴェランダに干すのだが、なかなかよい眺めで、これから冬ごもりをするのだという原始の血が蘇《よみがえ》ってくるような気がする。

干し終えると落とした葉でふりかけ作りをはじめる。

大根は日ごとに乾燥して皺がよってやわらかくなってくるのだが、手で曲げてみて馬蹄形になるまで干す。しかし、ここは好みで、そこまで乾燥させない方がいいという人もいる。つまり、干し具合など適当でよい。大根を干す間に、みかんや柿の皮もザルに干して乾燥させておく。

さて、大根が干しあがったら水で洗ってほこりをとり、糠、塩、乾燥させた柿やみかんの皮と一緒にいよいよ樽に漬け込む。すでに天日で干しただけで大根は甘くなっているから、糠や果物の皮などを入れずに塩をするだけでも十分おいしいはずだ。干しただけの大根を、そのまま煮物や炒め物に使ったっていい。漬け込むときにザラメやうこん粉を入れるという人もいるが、これもまた好みだ。僕は、ほんのりとした大根の甘みをそのまま楽しみたいのでザラメは入れず、保存をよくするために、うこん粉だけ入れる。これもあくまで目安だが、塩は大根全体の五から一〇パーセントくらい。糠は並べた大根にかぶせる程度か、もっと少なくてもいいように思う。あらかじめボウルのなかで混ぜておき、樽の底に敷き、柿とみかんの皮を混ぜ大根をパズルのように並べる。同じことを繰り返して樽に詰めていき、最後に板をのせて、その上に重しをのせる。重しは大根の重さの二倍くらいだろうか。一週間もすれば大根から水があがってくるので、重しを軽くしてそのまま置いておく。水があがってこなかったら少し塩を足したり重しを重たくしたりしてみる。ここは、やってみなければわからない。二週目くらいから浅漬けで食べられるが、翌年の春頃が一番おいしいように思う。食べるときに、しょっぱかったら水で塩抜きして食べるとよい。

四月頃、気温があがってくると樽のなかにカビが出てくるので、糠ごとあげて大きな密閉容器に移し冷蔵庫に保管する。翌年、沢庵にする大根が出まわるまで食べられる。

さあ、しかし塩の加減や干し具合のカンがつかめず、なかなか一年目で思うような味にはならない。僕もそうだった。多少失敗してもくじけずに翌年もまた漬けて、少しずつ自分の好みの味になるようにすればいい。年をとるごとに少しずつ上達するのを楽しめばいいと思う。

白菜漬

白菜漬はコリコリと歯ごたえのある二度漬けが好きで、そればかり作って食べている。

さて作り方。まず一株を四等分に切り分け、茎の白いところに塩が入りやすいように包丁でいくつか切り目を入れてザルに並べ、一晩干す。

干しあがったら、手でこすりつけるように白菜に塩をまぶして樽に並べる。刻んだタカノツメを種ごとぱらぱらとまぶし、柚子の皮などあればそれも入れて、上に板を置き重しをしておく。こちらも沢庵と同じく最初は重い方がよい。一夜置くと水があがっているので、白菜をとり出し絞って味をみる。しょっぱいようだったら、さっと水で洗って塩分を落とす。反対に足りなければ塩を足して調整する。樽に残った水を捨てて、もう一度絞った白菜を並べていく。ふたたび板と重しをのせるのだが、最初のときよりは軽くする。これで漬け込み完了。翌日になるとふたたび水があがってくるが、今度はそのままにしておいて少しずつあげて食べていく。一度漬けた水を捨てて、味をみてもう一度重しをするから二度漬けというわけだ。僕は食べるときに一味唐辛子と醤油をかける。冬の朝に食卓にならぶ炊きたてのめしと白菜漬、それに熱々の味噌汁。思い出すだけでどうにも、どうにもよだれが出てくる。

昔の家の土間のように、外気と同じくらい寒くなる場所があるなら一〇株ばかり古漬けになるまで数ヶ月間は漬けたいところだが、最近の密閉性が高くあたたかい家ではすぐ発酵がすすんだりカビがきたりしてしまうので、一、二株ずつ買って漬けるくらいがいい。白菜漬には寒さが大事なのだ。

漬物ステーキ

白菜は樽のなかに長く漬けておくと酸味が出てくるのだが、飛騨の高山ではこうした古漬けの白菜を「ひね漬け」と呼び重宝してフライパンで卵とじにして食べる。ステーキ用の厚いフライパンを使って作るので「漬物ステーキ」という面白い名で呼ばれている。地元の居酒屋へ行くと必ずある人気の料理で、これがとてもおいしいので僕もよく作るようになった。フライパンに油をひいて古漬けを炒め、醤油で少々味つけをして卵とじにするのだが、バターをひとさじ落としたり、山芋を少し入れたりしてもいい。熱々のところにかつお節をふりかける。もともとは、氷点下となる冬場に樽のなかで凍った白菜漬けを食べるための工夫から生まれた家庭料理らしい。防腐剤などが混ぜられ発酵しなくなった白菜漬けではこの味は出せないだろう。

大根葉のふりかけ

まず、葉をよく洗ってまな板の上で塩をしてごりごりともむ。そうすると青いアクが出てきて少ししんなりしてくる。それをさっと水で洗ってそのまま大鍋に沸かした湯でゆでる。ゆですぎると、べちょべちょしておいしくないので、軽く湯にくぐらせ歯ごたえを残す程度がよいだろう。ゆであがったら手早く水にとって冷まし、よく絞って水気を切ってから小さく刻み、鍋でから炒りする。中火でゆっくりと水分をとばしながらやる。ほんのりと大根の葉特有のいい香りがしてきたところで、ちりめんじゃこ、白ごまを混ぜ入れ、もう少しだけ炒ると、やがて白ごまの香ばしいにおいがしてくる。ここで、酒、塩、醬油、砂糖を加えて軽く炒る。大根葉の青々とした香りがおいしいので、醬油は香りづけ程度に、砂糖はほんの隠し味にするとよい。酒が飛んだなと思ったところで火を止めて出来上がり。

スイカの皮

子供の頃は、とにかくスイカが好物だった。あるとき親に、一度でいいからスイカを腹一杯食べさせてくれとせがんで、大玉のスイカをまっぷたつに切ったの

をカレースプーンで食べさせてもらって腹をこわしたほどだ。それほど好きだったのに、どういうわけか当時のようにスイカを食べたいという情熱がなくなってしまった。しかし、今でも夏になるとスイカの皮の一夜漬だけは食べたくなる。白瓜とは一味違う、甘い風味の、みずみずしい味がする。

スイカの赤い実の部分をきれいにとり去り、濃い緑色をした縞々の硬い皮をむいて瓜色の部分だけを細く切り、塩をしてタカノツメ、昆布と一緒に一晩冷蔵庫に寝かせておく。

一味唐辛子をふりかけ醬油をたらし、めしと一緒にかき込んでしまうのは、子供の頃のままである。この漬物が好物の父はスイカを買ってくるなり「おーい、誰かスイカ食べんか」と果肉だけをせっせと家族に食べさせ、自分は皮を集めて一夜漬を作っていた。そういえば僕は、まっぷたつに切ってもらったスイカの皮を食べたあと頭にかぶって遊んでいた記憶がある。父はさぞ、うらめしかっただろう。

土筆

もうずいぶん昔のことだが、京都の小さな旅館に泊まったとき、朝食のごはんの上に土筆が二本のっていたことがあった。女将さんが近所の山で摘んできて、

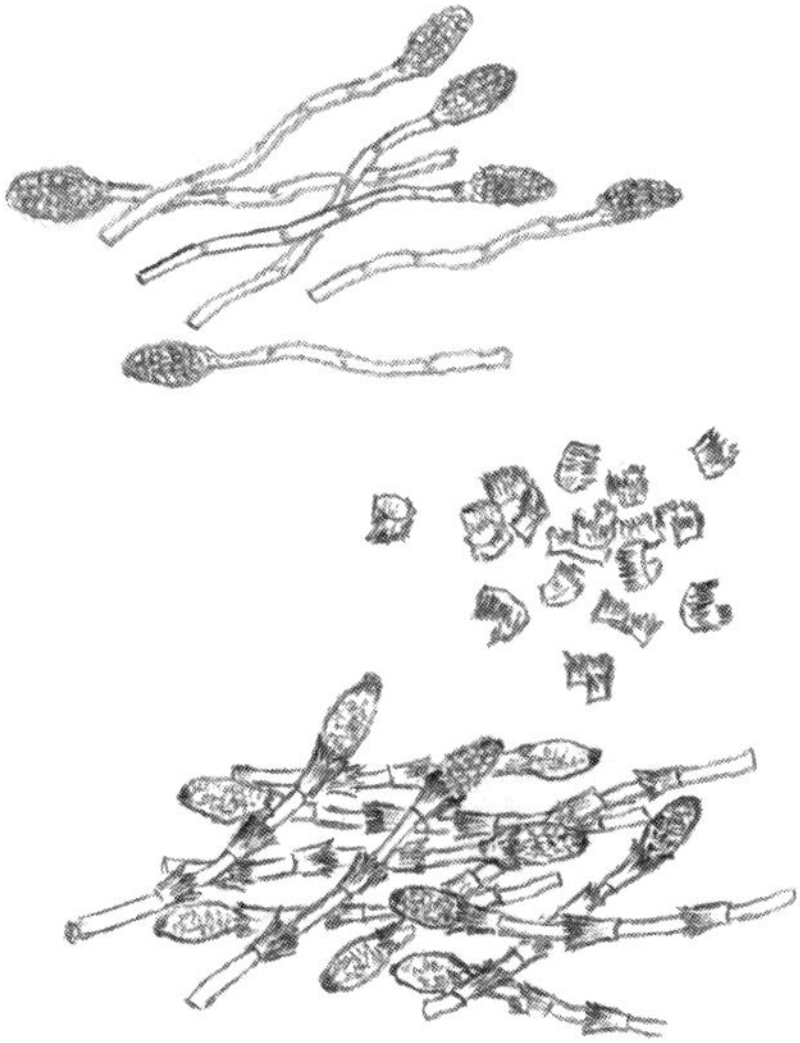

米と一緒に炊いたと言っていたのだが、春を感じさせてくれる心づかいが僕はずいぶんうれしかった。今でも土筆を摘みに行くとそのときのことを思い出す。

土筆はちょうど学校が春休みに入る頃、土手や空地に春を告げるように出てくる。収穫の時期は短く、二週間もすると青いスギナが群生するようになり土筆は姿を消してしまう。子供の頃に母が「ああ、もうスギナになってしまったね」と言うのを聞いて、僕はずっと、土筆が生長すると穂を落として肌色の茎が段々と青くなり、そのままスギナになるものだと思っていた。

土筆は、地中に根をはったスギナが繁殖のために胞子を飛ばすための器官で、スギナの花のようなものだ。ロケットのように先を硬く尖《とが》らせて土から出てくると、青く硬い穂先を段々と開いて胞子を風に乗せて飛ばすのだ。可愛らしい名前だが、よくよく見るとグロテスクで原始的な形をしている。アンモナイトなどと一緒に古代の風景のなかに描かれていてもまったく違和感がない。名前のおかげでずいぶん親しみあるものになっていると思う。

さて、その調理方法については、天ぷらや醤油煮にしたりと色々あるが、僕のおすすめは卵とじだ。少量の土筆をパックして店で売っているのを見かけることがあるが、卵とじにするにはある程度の量があった方がいいので自分で摘んできた方がいい。先の方がまだ穂を開いていない、青々として硬いものが歯ごたえと香りがあっておいしい。

摘んできたら新聞紙などに広げて袴《はかま》をとり、出来るだけ折らないようにやさしく水で洗う。そして三〇分ほど水につけ、アクを抜き、ザルにあげておく。袴は指先でつまんで茎をくるくるまわしてやると簡単にとれる。子供の頃は、山のようにとってきて兄弟で誰が速くたくさんむけるか、よーいどんで競争したものだ。しおれて、くたくたになってしまうと袴をとりにくくなるので、摘んできたら乾燥しないようにビニール袋などに入れておくとよい。

ここまで終えたところで、中火でフライパンをあたため、ごま油をひき、黒砂糖をふりかけてパリパリと音をたてながら炒める。少し甘いくらいがおいしいと思う。しんなりしてきたら火を少し弱め、酒と醤油を加え、最後に溶き卵をまわしかけたら出来上がり。めしの上にのせて土筆丼にしてもいいし、そのまま酒の肴にしてもいい。ほんのりとした苦味は燗酒にもよく合う。まだ寒さが残る春の宵に土筆を肴に燗酒を飲むなどというのは、なかなかいいものだ。

もうひとつ、土筆ごはんの炊き方。と言っても、米の上に下ごしらえした土筆を数本並べていつものように炊くだけでいい。物足りなければ、昆布や酒、醤油などを入れてもいいが、水だけで炊いた方が素朴な土筆の香りを楽しむことができるように思う。炊きあがると土筆はやわらかくなって形がくずれやすいので、釜からとり出してよけておく。茶碗にめしを盛るときに一、二本のせる。

土筆はたくさん食べるものではない。そのほろ苦さを少し味わって春が来たことを感じられれば十分だ。

赤い火のある食堂

夏でも冬でも、夕食の食卓には炭火を使う。食卓の傍らに小さな七輪を置き、夏は羊肉やとうもろこしを焼き、冬は小鍋をかけて湯豆腐やとり鍋などをやる。よほど忙しいときでないかぎり炭火の隣に座り、二、三時間酒を飲む。それが我が家の晩ごはんである。風流人を気取って炭火にこだわっているわけではない。ほとんどの料理は台所のガス台で作るのだが、食事の間、炭が燃えているとなぜ

かほっとして、その時間が楽しく思えるからそうしているだけだ。

炭火をいいなと思ったのは、ある年の冬に九州の山奥にある温泉旅館に泊まったときだった。もう、二五年ほど前のことである。朝、まだ夜の寒さが残るロビーへ行くと爐《いろり》の灰の上に炭が置かれていた。雰囲気を出すための演出だろうと思っていたのだが、しばらくすると宿の人が白い息を吐きながらやって来て、その炭に火をおこし鉄瓶をかけた。僕は爐のそばの椅子に座って、ずっと炭火が燃えるのを待っていたのだが、時折、キン、キンと音がするだけで、なかなか赤々と燃えてこなかった。

「これ、消えているんじゃないですか」

尋ねると、

「炭はね、そんなに早く燃えないんですよ」

と宿の人が言う。

黒い炭の端っこについていた赤い小さな火は実にゆっくりと燃えていくのだった。炭はガスコンロの火のようにレバーで火力を調整したり、一瞬であたたまったりするものではないのだ。そして、このとき僕は、はっとした。絵を描くことも同じではないだろうか、と。おそらく僕は、絵を描くときも自然の時の流れを受け入れずせっかちにしていたかもしれない。絵は描くものではない。何者かに描かされるものだ。その何者かに耳をすますべきだろう。一人で空回りして、急いで何になるというのか。そんなことを思った。

旅から戻ると、東京でも炭火のある生活がしてみたくなり、古道具屋で火鉢を買い求めアトリエに置くようになった。

初めは、ただ炭火を燃やすだけではもったいないと思い、作画中に薬缶をかけて湯を沸かし、茶やコーヒーを淹れていた。しかしそのうち食事のときにも炭がほしくなって、七輪を買ってきて酒の燗をつけたり、湯豆腐をやったり、餅やうるめを焼いたりするようになった。炭火を使うと安い食パンなどでも香ばしく焼けてうまい。燗をした酒も、ガスのときと味がちがうように思う。よく言われる遠赤外線の効果なのだろう。だが、僕の場合はなにより、ただ傍らで炭が赤く燃えているだけで、心安らいで絵と向き合っていられるのである。

いわしの酢じめ

魚屋で新鮮ないわしが青や銀色にまぶしく輝いているのを見ると、食べたくなってついつい買ってしまう。僕はこの魚が好きで、水族館で飼育係の人が演技のごほうびにと、オットセイに向かってバケツから放り投げたりしていると、オットセイよりいわしの方をずっと見ている。オットセイは噛まずにペロリと飲み込むのだが、ああ、もっとよく噛んで味わえばいいのにと思う。

いわしは酢じめにして食べる。魚屋で買うと三枚におろしてもらい、身が傷まないようにと足早に家に帰る。

家に着いたら、いそいそと塩をまぶす。塩は多すぎると思うくらい、表面がじゃりじゃりするほどまぶしてザルに並べる。ほどなく、身から水が出てくるから、ザルの下にはボウルかなにかを置いておくとよい。三〇分から一時間くらいたったら、酢を入れた別のボウルでいわしを洗い塩を落とす。このとき後で臭みが出る原因になるから決して水で洗い流してはいけない。酢は上等なものならばなおよいはずだが、安く市販されているもので十分だ。そのあとバットに並べ冷蔵庫に二、三時間寝かせておけば出来上がる。酢はカルシウムを軟化させる働きをするから、いわしの小骨もやわらかく食べやすくなる。へぎ切りにしてレモン汁をかけて生姜醤油で食べる。さらにもう二日ほど冷蔵庫に寝かせると、酢や塩がなじんで鮨屋のタネのような実にうまい酢じめとなる。

また、西洋風の味付けもいい。へぎ切りにして皿に並べ、上等のオリーブ油、コショウ、レモン汁、パセリのみじん切りをかけて薄切りの玉ねぎ、トマトを添えれば、白ワインやシェリーによく合う前菜になる。あるいは、ローリエとオリーブ油に漬けてオイルサーディンにするのもいい。

野蕗と鶏

野蕗と鶏の炒め物

春から少しずつ夏に近づき、雲雀《ひばり》がさえずる頃になるとかならず食べたくなる料理だ。野蕗《のぶき》のなんともいえないえぐみが鶏肉のうまみとからまって箸がとまらなくなる。祖母がよく作ってくれ、子供の頃はこれをおかずに何杯もごはんをおかわりしたものである。

野蕗は、よく八百屋で売られている大きくて長い蕗とはちがう、背丈が三〇センチほどの丸く団扇のような葉をつけた細く短い蕗だ。八百屋でも売っているが、道端や空き地などにも群生している。繊維が詰まったシャキシャキした歯ごたえが魅力で、この蕗特有のアクやえぐみが実に食欲をそそる。寒い冬が過ぎて夏を迎える前に、体がこの野蕗のきついアクを欲するのだ。

さて、その作り方。どうしても野蕗が手に入らなければ、ややもの足りないが、よく売られている長い蕗を使ってもいい。

まず、野蕗の丸い葉の部分をとって茎の皮をむく。包丁の刃を蕗の茎の切り口にあてて皮の端にひっかけてひっぱると、すうっとむけていく。新聞紙を広げてラジオなどを聞きながらのんびりやるといい。皮をむいたら、ひとさし指くらいの長さに切り分けて一〇分ばかり水にひたしてアクを抜き、ザルにあげ水気を切っておく。次に鶏のもも肉の皮をはぎ、肉を苺くらいの大きさに切り分け、黒糖をふって一〜二時間ほど置いておく。

以上のような下ごしらえがすんだら、いよいよ炒めはじめる。鍋を中火にかけごま油をひいて蕗、鶏肉の順に入れ、軽く炒め、すぐに黒糖をふりかける。少々甘くなりすぎるくらいかけた方がおいしい。やがて蕗や鶏から水気が出てきて黒糖と混ざり合い、ぐつぐつとカラメルが煮えるようになる。そこへ、わずかに塩、コショウをふってタカノツメを一本放り入れ、ひたひたになるくらいに湯を足す。アクをとり、さらに酒と醬油も加え、落とし蓋をしてやや火を強めて煮る。煮汁がほぼなくなってきたら完成。蕗の歯ごたえを少し残した方がおいしいので、煮るときの湯の量を少なめにして一気に煮あげるといい。食べ終わったあとに、皿に残った煮汁をめしにかけると、これがまたうまいのだ。

はいだ鶏の皮は、ゆでて細く切り、酢と醬油、ごま油、葱、生姜のみじん切りと混ぜ合わせれば、もう一品酒の肴が出来上がる。

鶏の蕗の葉蒸し

切り捨てた蕗の葉を使う野趣あふれる蒸し焼き料理だ。残念ながら八百屋で売られているものは、葉の部分が切り捨てられているのでこの料理を作ることが出来ない。

まず、葉を軽く洗い水気を切っておく。鶏肉を皮つきのまま握りこぶしくらいの大きさに切り分けて蕗の葉の上に置き、塩と白ワイン（無ければ酒でもよい）をふりかけて野蕗の葉でいく重にもくるむ。くるんだ葉が開いてしまわないよう、最後に重ねた葉の端っこを下に置く。これを焼き網の上にのせて炭火でゆっくりと時間をかけて焼く。オーブンやガス台の魚焼き器でもよいが炭火のうまさにはかなわないだろう。葉の下の方が焼けてなかに熱がこもり、鶏肉が蒸焼きになっていくので、ひっくり返さずにただ待っていればいい。肉汁がたぎる音と、蕗の葉が焼けるいい香りがしてきたら竹串を刺して肉の蒸し具合をたしかめ、火が通ったら降ろす。皿の上に葉ごとのせ、黒く焦げた葉をめくっていくと、くたくたになった野蕗の葉のなかから鶏肉が湯気をたてて現れる。この一瞬が楽しい。素朴な味だが、焼けた蕗の葉の香りに思わずつばをのみ込んでしまう。酒にも、めしにも合う。

カレーライス

お腹が空いているときに、カレーを煮込むにおいを嗅いでしまうと、もうどこかでカレーライスを食べないとおさまらなくなる。いくつになろうと、あれだけは腹一杯になるまでかき込みたいと思う。
夕食がカレーライスというとき、早く食べたいと思う一方で食べると酒が飲めなくなってしまうという矛盾。二つの欲望によって自分が引き裂かれるような状況に陥ることになる。先に何かで飲んでおいて、シメにカレーライスを食べるという手もあるぞと何度か試みたが、どちらも中途半端になってつまらないのだ。

カレーライスは、まっ白な空腹のところに入ってきてもらいたい。こうした状況はトンカツのときにも起きるが、トンカツの場合は最初に肴にして酒を飲み、あとでごはんのおかずにすればいい。しかしカレーはそうはいかない。そこで、僕はカレーライスを食べながら酒を飲む方法を考えた。カレーを作るときは市販のカレーのルーに玉ねぎとかなり多めの豚肉だけを具にしてレシピよりも水を多めに入れ、その分、塩を足して煮込む。

豚肉がやたらと目立つ、しゃびしゃびのスープのようなカレーが出来たら、深皿に盛ったためしにかけ、豚肉を肴に酒を飲む。ブロッコリーやピーマン、ほうれん草などの野菜のトッピングをのせて豚肉と一緒につまんでもいい。この肴はレモン酎ハイやホッピーなどと実によく合う。飲んでいるうちに具が無くなったらまた足すのである。仕上げに沢庵漬をのせ、茶漬けのようなさらさらした具の無いカレーライスを食べる。まさにカレーライスで飲む、だ。そばのアタマを肴に飲むことをヒントに考えてみたのだが、正直、何もここまでしなくてもよいではないか、とも思っている。

鶏肉とじゃがいもの南フランス風

ただ鶏肉とじゃがいもを並べて蓋をするだけで出来る、田舎らしい料理。簡単で見た目もよく、ボリュームがあるので忙しい日にお客が来てワインを飲むときなどに都合がいい。

フライパンに多めのオリーブ油をひき、握りこぶしより少し小さいくらいに切り分けた鶏のもも肉と、皮がついたまま大きめに切り分けたじゃがいもを並べる。春先に出る小ぶりの新じゃがいもなら、切らずにそのまま入れるといい。そこへにんにくを一片つぶして入れ、塩と黒コショウをふってローリエとローズマリーを入れる。木蓋をして点火。弱火でしばらく置いておき、竹串で刺して鶏とじゃがいもに火が通ったら出来上がり。木蓋が無ければアルミホイルで代用する。ひとつ気をつけなければならないのは、密閉性の高いフライパン用のガラス蓋だ。水分が蒸発せず煮物のようになってしまう。この料理は適度に水分を蒸発させてオーブンで焼くように香ばしく仕上げたい。

あれば、パセリ、セージ、タイムなどを足し入れると、南フランスの雰囲気がする。そうそう、サイモン&ガーファンクルの「スカボロー・フェア」の「パスリセージ、ロズマリーアン、タァーイム……」という歌詞の通りに入れていけばよい。つけ合わせに、スパゲティのバジリコがよく合う。食べたあとフランスパンでフライパンに残った香ばしい肉汁をぬぐって食べるのもおいしい。

鶏のむね肉の料理、三つ

鶏のむね肉には、さっぱりとしたおいしさがある。我が家ではチンジャオロースにしてよく食べる。こういう中華の炒め物は炒めはじめると、あっという間に

出来上がるから、火を使う前に万全の準備をしておかねばならない。

そのチンジャオロース。細切りにしたピーマンと薄切りにした白葱、もやしをそれぞれボウルに準備する。もやしは根をとればさらによいが、まァ、めんどうだから、僕はめったにやらない。それから、むね肉を繊維に添って鉛筆くらいの細さに切る。次に、酒、生姜汁、塩、おろしにんにく、醬油を混ぜ合わせてたれを作っておく。さっぱりとした塩味に仕上げた方がおいしいので、醬油はほんの香りづけ程度でよい。ここに豆鼓を小さく刻んで入れて豆鼓風味にしたり、また、カレー粉でカレー風味にしたりするのもいい。

ここまで準備したら、いよいよ点火だ。中華鍋を中火であたためて、ごま油とサラダ油を半々にひく。油は少量でよい。油の白い煙が少しゆらめいて鍋が熱くなったらむね肉と葱を放り入れ、コショウをして炒める。火が通ったところで強火にして、ピーマン、もやしを加えて一気に炒める。間を置かず塩をひとつまみ入れて、たれをまわしかける。すぐさま水溶き片栗粉を加えひと混ぜすると出来上がりだ。ピーマンももやしも、ほとんど生でよいくらいの気持ちで、歯ごたえを残す。豆板醤やからしを薬味に添えて食べると、おいしい。水溶き片栗粉の分量と濃さも味を決める大事なところ。説明するのは難しいが、仕上がりに軽くとろみがつく程度でよいと思う。

鶏のむね肉の二つ目は酒蒸し。小さな土鍋にごま油とサラダ油をひいて、むね肉を皮を下にして塊ごと入れ、塩、コショウ、酒をふりかけて蓋をし、極弱火にかけておく。串で刺して火が通ったら出来上がり。切って皿に盛り、からし醤油で食べる。蓋をするときに刻んだ豆鼓を入れて、食べるときにパクチーを散らしてもおいしい。

三つ目は、シソ巻き。むね肉をまな板の上に平らに置いて半分の薄さに切り、その上にまんべんなく大葉を重ねて巻きずしのように巻いていく。それを輪切りにして串に刺し、塩とコショウ、酒をかけて焼く。食べるときにレモンを絞りかける。

鶏肉のビール煮と赤ワイン煮

安価な鶏の手羽元だが、こってりと酒で煮込むと、メインディッシュにもふさわしい料理が出来上がる。他の鶏料理と同じく、出来るだけ上等の手羽元を買った方がおいしい。

まずはビール煮。手羽元一〇本に対して、大きめの玉ねぎ半分とにんにく一片を目安に準備し、それぞれみじん切りにし、オリーブ油を鍋にひいて中火で軽く炒める。続いて手羽元を入れて、ほんのり焦げ目がつくまでさらに炒める。そこへビールをコップ一杯くらいとウィスキーを少々注ぎ入れ、水を足して沸騰したらアクを掬い弱火で煮る。塩とコショウ、ローリエ、ローズマリー、コリアンダー、マッシュルームとセロリのみじん切りを加えてさらに三〇～四〇分煮込む。塩味は少しひかえめにして、食べるときに塩をふって好みの加減にするとよい。煮汁が鍋から一～二センチくらいになったところで火を止めたら出来上がり。皿に盛ってパセリを散らし、つけ合わせに、ゆでたじゃがいもと豆、クレソンを添える。からしを薬味にして食べるとおいしい。また、ごはんのおかずにするときは、醤油をかけるのもいいだろう。

赤ワイン煮は、ビールとウィスキーのかわりに赤ワインを入れるだけである。どちらも、食べるときに骨から肉がぺろりときれいにとれるくらい煮込む。手でつかんでかじることもなく、フォークとナイフだけで食べられるようになる。

鶏肉の白ワインと生姜のソース

この料理を食べるときは、うまくていつも、ふ～んと鼻が鳴ってしまう。さっそくだが、作り方。

手はじめにパセリをみじん切りにする。トントントンと包丁の音をたててパセリを刻むのは、料理開始の合図だ。これからうまいものを作るぞという気分が高まってくる。

次に生姜をおろして絞り、生姜汁を用意する。かなり多めでよい。

鶏のもも肉を一枚。塩と黒コショウ、ローズマリー、あればタイムとセージ、それからカレー粉を少々ふりかけておく。

フライパンにオリーブ油を熱して、ローリエとにんにくのスライスを放り入れる。オリーブ油は、鶏肉の皮から油がたくさん出るので少なめでいい。にんにくが焦げそうになったらローリエと一緒に皿にとり出しておく。鶏肉を皮の方を下にしてフライパンに入れ、蓋をして弱火でしばらく焼く。鶏皮のカリカリとした歯ごたえを作ることに集中して丁寧に焼くのである。ときどき箸で持ちあげて焦げ具合をたしかめ、ゆっくりと肉に火が通るのを待つ。ここは大事なところなので、急いで火を強めたりしてはいけない。

皮がめくれるようにこんがりとアメ色に焼きあがったところで、鶏肉をひっくり返して反対側も焼く。ここからは、蓋をとる。もうほとんど火が通っているので反対側は軽く焼き色がつく程度でよい。竹串で刺してスッとつき抜けるようなら火が通ったしるし。もう一度皮の方が下になるように鶏肉をひっくり返し、火を少し強めてブランデーでフランベをしたら皿に盛る。とり出しておいたにんにくとローリエを焼きあがった鶏肉の上にのせる。

さて、ここからは熱々の鶏肉が冷めないように手早くやる。肉をあげたあとのフライパンに生姜汁と白ワインを入れ、竹べらでこそぐようにして強火で一気に煮詰めてソースを作り、皿にあげた鶏肉にかける。仕上げにレモンを絞りかけてパセリのみじん切りを散らせば出来上がりだ。

豚肉とアサリの白ワイン蒸し

あるとき、ポルトガルのアレンテージョという料理を本で見て、レシピもろくに見ずにとにかく豚肉とアサリを酒蒸しにすればよいだろうと適当に作ってみたら、これがとてもおいしかった。そんなわけだから、作り方はとても簡単なうえ少しくらいまちがったって失敗しない。豚肉とアサリの相性は抜群で、そう簡単には揺るがないのである。僕はいつも大きな土鍋いっぱいに作る。

ところで、豚肉とアサリという、それまでなじみのなかった食材の組み合わせについて、過去に似たものを食べたことはなかったかと思いをめぐらしていたら、長崎のチャンポンがそうだと気がついた。豚肉とアサリに海老やかまぼこ、野菜などを足してスープで煮て麺を入れると、チャンポンになる。長崎料理というのは奥が深い。

さて、作り方。まずアサリの砂抜きをする。ボウルに海水と同じくらいの濃度の塩水を作ってアサリを沈め、簀子《すのこ》かなにかで薄暗くし、「は〜い、夜で〜す」と声をかけて蓋をする。四、五時間もすれば砂を吐く。土鍋に多めのオリーブ油を弱火であたためて、にんにくと玉ねぎのみじん切り、豚ロース肉を切り分けたものを入れ黒コショウをふり、中火で炒める。そのあとアサリを入れ、白ワインを少々注ぐ。ローリエ、ローズマリー、それからカレー粉を耳かき二杯分加え蓋をしてふたたび弱火にする。アサリの塩分があるから塩はしなくてよい。しばらく火にかけておき、殻が開いたら身がとれないように軽くひと混ぜし、レモンを絞ったら出来上がり。パクチーやパセリを刻んで入れるとさらにおいしい。ごはんのおかずにもよいが、お酒なら、白ワインやレモン酎ハイ、あるいはシェリーのフィノかマンサニージャを冷やしたのがとても合う。土鍋の底に残った汁をごはんにかけたり、パンで掬って食べたりするのも、またおいしい。毎年春にアサリが太る頃になるとこの料理を作りたいと思う。

焼きりんごとポークソテー

まずは、下ごしらえ。りんごの芯をとって八等分に切り分け、じゃがいもを皮ごと四つ切りにする。それから、皮をむいたにんにくを薄切りにする。そして、

豚のロース肉の厚切りをまな板の上に並べてたたいておく。肉たたき器がなければ、包丁の背で肉に格子状のあとがつくようにトントントンとやればいい。そのあと脂身のところに切れ目を入れて肉全体に黒コショウをふる。あればローズマリーやセージ、コリアンダー、タイムなどのハーブもふるとなおよい。緑色のハーブをまぶすと、赤く生々しかった肉がとたんにおいしそうになる。

さて、肉の下ごしらえを終えたらフライパンを二つ用意する。一方に多めのオリーブ油をひいてじゃがいもを並べ、塩をふって弱火にかけ蓋をしておく。塩は出来れば岩塩がよい。じゃがいもの中まで火が通り、焦げ目がついたら蓋をとってひっくり返して皮がカリッと香ばしくなるように焼いていく。これはつけ合わせ。焼くのに時間がかかるので、こうして先に作っておく。

さて、じゃがいもが焼けたところでいよいよ肉を焼く。フランベ用にブランデーを一本傍らに置いておき、もうひとつのフライパンを弱火にかけてオリーブ油を熱し、にんにくの薄切り、ローリエを入れる。にんにくが焦げそうになったら、とり出して乾いたふきんにあげる。このにんにくは、あとで焼きあがった肉の上に並べるのだが、こうするとにんにくがクリスピーな歯ごたえになってうまい。

火を少しだけ強め、フライパンに下ごしらえをした肉を入れ、塩をふって蓋をする。このあと焼くときの火加減がとても大切だ。肉の下側の面に焦げ目がついたら裏返して弱火にし、フライパンのあいているところにりんごを並べて、また蓋をする。一分ばかりして、りんごに少し火が通ったら蓋をとり、肉は裏返さずそのままりんごだけを焦げないようにひっくり返して焼く。

ここから先は手早くやらねばならない。肉に完全に火が通ったところで中火に強め、ブランデーをふりかけてフランベする。ブランデーの炎が消えたらすぐに肉とりんごを皿に盛り、とっておいたにんにくとローリエをのせる。肉を焼いたフライパンが熱いうちに火にもどし、そこへ赤ワインを入れ、強火で一気に煮詰めてソースを作る。その後中火でゆっくりとフライパンをまわしながら、竹べらで焦げ目をこそぎとるようにして煮詰めるといい。このソースを肉にまわしかけて、焼いておいたじゃがいもとクレソンを添えたら出来上がりだ。

りんごの酸味と、ほくほくしたじゃがいもの食感が豚肉によく合う。

断食の効能

ある雑誌の取材で初めて断食を体験した。伊豆の山奥の断食施設に泊まり、体験レポートを書くというものだった。最初にこの仕事の依頼があったとき、僕は

断った。そのあともう一度連絡があったが、やはり断った。なにより仕事を終えてから毎晩晩酌をするのが楽しみで、それを無くしてしまうと、画家としての生活も自分もこわれてしまうのではないかと思ったのだ。それに、その頃なんとなく世のなかで健康食品や健康法がもてはやされていて、それに便乗した商売や、まるで流行ファッションのようにそのことを話題にする人が鼻についた。そうしたことに盲目的に従うのもいやだった僕は反発するように立呑みの安酒場へ行き、缶詰のソーセージを肴にしたりして安焼酎をあおっていた。健康のために断食をするなどもってのほかだと思っていた。

しかし、その後、編集長から直々《じきじき》に、あなたのような食いしん坊で酒呑みな人にこそ体験してもらわないと記事が面白くならないと熱心に説得され、ついに泣く泣くその仕事を引き受けた。ただし七泊八日を三泊四日に短くしてもらう条件付き。ところが、この体験は自分にとって予想もしていなかったよい結果をもたらした。

さて、断食施設へ行く日、カバンに数日分の着替えと画材、本などを詰め、担当の編集者に連れられて電車で伊東へ向かった。僕は往生際が悪く、到着するまでのわずか二時間ばかりの間に売店で買い漁った酒などをがぶがぶと体に蓄えるようにあおった。熱海で伊東線に乗り換えるときには、ホームの立ち喰いそば屋に駆け込んで、天ぷらそばの具を肴にコップ酒を飲んで、汁まで飲み干した。そうして伊豆半島を南下しながら、みかん畑のなかを走っていく電車の座席でウィスキーのポケット瓶をラッパ飲みするのであった。なんとあさましい姿であったろう。同行の編集者に対しても終始不機嫌で、目も合わせず車窓から外の景色ばかり見ていた。

施設に到着したときには、フロントでチェックインの用紙に自分の名前と住所が書けないほど泥酔していて、部屋に放り込まれて寝ているうちに編集者はいつの間にかいなくなっていた。目が覚めたのは夜八時。いつもなら夜の食事が一段落して、何か好きなレコードなどかけてウィスキーのハイボールでも飲もうかという時刻だが、狭く四角い部屋にはベッドの他にテレビが一台とお茶のポットが置いてあるだけである。ここは刑務所か。いや、刑務所でも食事は出るはずだ。

僕は大声で叫びそうになった。朝まで我慢して、なんとか夜までやり過ごしたとしても、翌日も飲めない。そして、その次の日も、次の日も。たかだか四日ではないか、などと割り切ることが出来ず、闇に落ちていくような心地であった。あれこれもっともらしく偉そうに理屈を並べたてて取材を断っていたが、自分はただ断食におびえているだけだったのだ。僕はアルコール中毒だ。もし日本に禁酒法など出来て暴動が起こったら、まっ先に加わろうなどと妄想までするのだった。しばらく窓から暗い夜空と伊豆高原の木々が風になびくのを眺めていたが、絶望的な気分になってベッドの上で毛布にくるまって目をつむった。気を紛らわすためにと画材を持ってきていたのだが、とても絵を描く気になどなれなかった。

そんなふうにはじまった断食だったが、二日目の苦しみのピークを過ぎると、徐々に体が清らかになっていくのが快感となり、少しずつ体も心も楽になっていった。思いがけないことだった。人間の適応力というのは、たしかにある。そしてまったく予期していなかったことだが、断食中は驚くほどよく眠ることができた。一〇〜一二時間、風で木枝が揺れる音だけしかない静かな部屋で、途中目が覚めることもなく朝までぐっすり眠ることが出来た。内臓も一緒に眠っているからだろう。まるで体が自然の一部になっていくような感覚だった。過去に経験したことのない体験で、僕はだんだんと断食に対して興味を深めていた。ただ、もう大丈夫かなと思った三日目の夜、銀座で仲間たちと飲んでいるという妹から、どこかよいバーを知らないかという電話がかかってきた。そのときだけは遠のいていた記憶が突如蘇り、一瞬発作が起きそうになった。あせったが、電話を切ったあと電気を消して毛布にくるまっていると、ようやく眠ることが出来た。

断食施設は全国にあり、施設ごとに色々なやり方があるそうだが、ここでは朝昼晩に食堂で人参ジュースと梅干しが出され、部屋では生姜湯で淹れた紅茶に黒糖を溶かして飲むことが出来た。黒糖は白糖とは異なり体内脂肪を燃やす働きがあり、低血糖を防ぐらしい。歯ごたえのあるものといえば梅干しだけで、僕はまるで肉を食べるようにゆっくりと味わっていた。

三日目になると舌苔《ぜったい》と呼ばれる黄色いアカのようなものが舌一面に現れる。鏡で見ると、僕の舌も気味が悪いほどまっ黄色に染まった。これは体内にたまっていた老廃物が体の外に排出されている印。やがて、この舌苔が消えると老廃物が出きったということになる。人間の体は太古の昔から大雪や日照りによる飢餓には耐えられるように出来ているが、現代のような飽食の時代には耐性が無い。過食が老廃物の排出をさまたげ、それが原因で糖尿病やガン、アトピーなどの病気を引き起こすらしい。断食をすることで、老廃物を排出して人間が本来持っていた自己治癒力をとり戻し、病気への抵抗力を持つようになるというのが、この施設のドクターの考え方であった。たしかに予定表でも洗濯機でも、詰め込みすぎると機能しなくなる。僕はこの話に納得して断食にかなり積極的になった。

施設で行われたドクターの講義では、アルコールのほとんどは肝臓で処理されるのではなく、運動中の筋肉のなかで処理されるという話があった。僕はずっと、たとえ飲みすぎても、肝臓を元気にするというカキや黒ごまを食べていれば大丈夫だと思っていたのだが、これからはその考え方を改めて出来るかぎり運動しようと思うのだった。

そして、食堂に集まる人たちの会話を聞いていると、宿泊している人たちのほとんどはいわゆる富裕層で、世界中を旅してうまいものを食べ歩いたり、日々贅沢な食事を繰り返して体調不良になったりしているとわかった。はるばる九州から定期的に来るという大手企業の社長もいた。なにより僕が驚いたのは、自分の病気を治すために薬剤師の老夫婦が来ていたことだった。

人参ジュースのみの断食を行ったあとは、重湯、粥《かゆ》、最後に玄米定食という具合に段階的に普通食にもどして施設を出る。四日目になると断食している状態が心地よくなって、これまでにない透明な意識で絵が描けるような気がした。正規のコースであれば、もう少し断食を続けることが出来たのだが、短縮してもらっていたので、食堂へ行くと少しずつ食事が出てきてしまった。僕はそのときになって、ああ、七泊八日にしておけばよかったなと後悔するのだった。

施設を出たあと、もう酒を飲みたいとも思わなかったのだが、伊東市内のなじみの鮨屋へ直行した。断食をする前にヤケクソになってリバウンドしてもかまわない、自分へのご褒美にたらふく食べて飲もうと予約していたのだ。どこまでも、あさましい。待ち構えていた大将にアナゴを焼いてもらいながら燗酒を飲んで驚く。盃を鼻に近づけると、ぷうんと、実にいい酒の香りがするではないか。これまでこの店で飲んでいた酒は、こんなにうまかったのかと驚いた。そして、ぽかぽかした酒が胃から腸へとゆっくり下っていくのがはっきりと感じられた。あきらかに、体が健康になり、敏感さを取り戻していた。思わず「胃ちゃん、腸ちゃん、今まで無視していてごめんなさい。乱暴にして悪かった」と腹をなでまわしながら、いい加減に酒を放り込んできた自分の内臓たちに向かって謝るのだった。つまんだアナゴも口のなかでとろけて体中にしみいるようなうまさだった。正常な体は、こんなにも食べ物をうまくするのか。酔い方も実に気持ちがよかった。

このとき、おいしいと感じるのは食べ物の側にではなく、食べる体の側にイニシアチブがあるのだという当たり前のことに気がついた。実はその頃、時々、原因不明の蕁麻疹《じんましん》に悩まされていた。薬を服用しても一向によくならなかったのだが、その後帰宅してからも断食を続けていると、すっかり完治したのである。

以来、空腹を大切に思うようになって、時折、小さな断食をするようになった。なにしろ、おいしく食べて飲むためである。ああ、腹が減った！　という気持ちのいい空腹を作るために、毎朝何も食べずに長時間散歩をするようになった。歩いていると、お腹がぐうっといい音を鳴らす。そして、腸の働きが活発になる様子で、ぶうっ、と心地よいおならが出る（ごめんなさい）。断食は、なによりもすぐれた調理法ではないだろうか。こんな素晴らしいご馳走を教えてくれた、そのときの雑誌の編集長の秋山都さんには今も感謝している。

冬瓜汁

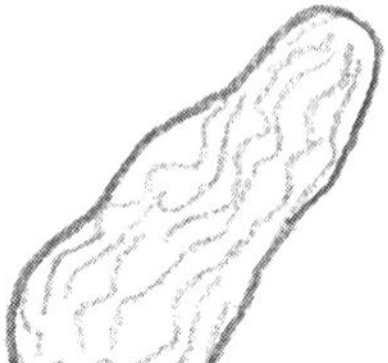

夏になると、八百屋の棚に大きな冬瓜《とうがん》が無表情にでんと横たわるのだが、僕は長い間この濃い緑色をしたビーチボールのような野菜を避けていた。何度か旅館の食事のときなどに餡かけにしたものを食べたことがあって、そのあいまいな歯ごたえと、青くさい風味が苦手だったからだ。よほどのゲテモノを除いては食べ物にほとんど好き嫌いのない僕だが、これだけはどうにもだめだった。
ところがあるとき、知人の家でお酒のあとに出された熱々の冬瓜のすまし汁を食べてから、大好きになった。これがうまかったのだ。それまで食べていた冬瓜の料理とはまったくちがい、薄切りで硬く歯ごたえがあり、生姜をきかせた素朴な汁だった。それからはたびたび食べるようになり、この頃は夏になって冬瓜が

出るのが待ち遠しいほどになった。八百屋で見つけると「あ、冬瓜だ」とつい声をあげてしまう。調理の仕方というのは大切だなと、そのときしみじみ思った。

冬瓜は切り分けなければ、ずいぶん腐らずにもつらしいが、たいがい店では切り分けて売られている。その冬瓜汁の作り方だが、まず、適当な大きさに切り分けた冬瓜の種の入ったやわらかいところをカレースプーンでこそぎとり、緑色の硬い皮をむく。そして、うす緑色の実部分を薄切りにする。かつお出汁をとり、酒、醤油と塩で味つけをして、煮立ったところに冬瓜を入れ、水溶き片栗粉を少々加えて軽くとろみをつけ、さっと煮て火を止める。そして、おろし生姜の汁を入れたら出来上がりだ。冬瓜の透き通った白色が食欲をそそるので、汁が黒くならないように醤油はほんの少し香りづけ程度にして、塩で加減を調整する方がいい。すぐに火が通ってやわらかくなってしまうから、あらかじめ汁だけを作っておき、食べる直前にあたためて冬瓜を入れるといい。

また、冬瓜粥もおいしい。鍋に湯を沸かして冷やめしと薄切りの冬瓜、おろし生姜を入れ、ひと煮立ちさせると出来上がる。

ウサギとカメ

献立が思いつかないときに難しくレシピを考えることはない。ノートのまんなかに線を引いて、右側にベーコン、ソーセージ、ハム、ツナ、コンビーフ、豚肉、鶏肉、卵、豆腐、厚揚げ、豆などのたんぱく質群の食材を書いていく。こちらが、ウサギさんチーム。左側には、ほうれん草、小松菜、水菜、葱、ブロッコリー、アスパラガス、キャベツ、ピーマン、玉ねぎ、大根、蓮根などの野菜群の食材を書く。こちらがカメさんチーム。家の冷蔵庫をのぞいてあるもので十分。それぞれのチームから、ひとつずつ選んでフライパンに油をひき、塩とコショウをして一緒に炒めれば、てっとり早く一皿出来る。物足りなければ醬油や出汁、生姜、カレー粉などを足せばいい。

たとえば、ベーコンとほうれん草炒め。ベーコンを切ったのをフライパンに並べて弱火でゆっくり焼き、カリカリとした焦げ目がついてきたら裏返しにして反対側を焼く。そこへ水洗いして切ったほうれん草をどさっと加えひと混ぜして、塩、コショウをしたら出来上がり。このときカレー粉を加えればカレー味、おろし生姜を加えれば生姜味という按配である。また、卵をひとつ落として卵とじにするのもいい。

炒めてすぐに火の通らないものは、炒める前に下ゆでしておく。サラダ油だけではなく、オリーブ油、菜種油、ラードなど、油を替えるだけで、風味もずいぶんと変化する。野菜に火を通しすぎずに、手早くさっと両チームの代表を絡める程度に炒めるのがおいしく作るコツだ。両方のチームから二つ以上選ぶというのもあり。献立に悩んだときは、頭をからっぽにして、ウサギとカメを探せばよい。

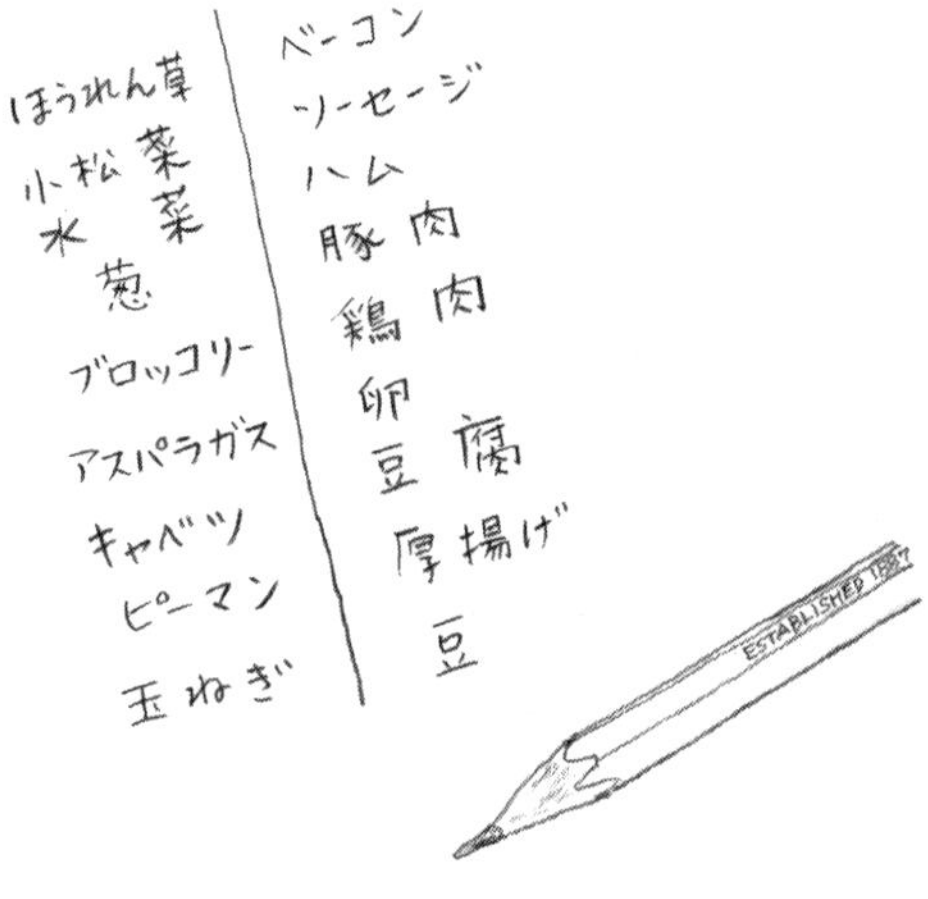
ほうれん草
小松菜
水菜
葱
ブロッコリー
アスパラガス
キャベツ
ピーマン
玉ねぎ
ベーコン
ソーセージ
ハム
豚肉
鶏肉
卵
豆腐
厚揚げ
豆

上・マカロニサラダにかぼちゃとさつまいもを加えた秋のちゃつ。右・新聞紙でくるんだおにぎりの横には焼いたちくわと沢庵。

上・アクールーニをカレー粉で味つけしてカレーライスに。
下・いわしの酢じめはシェリーと共に。

上・アメリカの弁当箱はワインでもビールでもいける。中・ウィスキーのハイボールは8オンスのタンブラーで。下・まずいまぐろがうまいまぐろに変身。

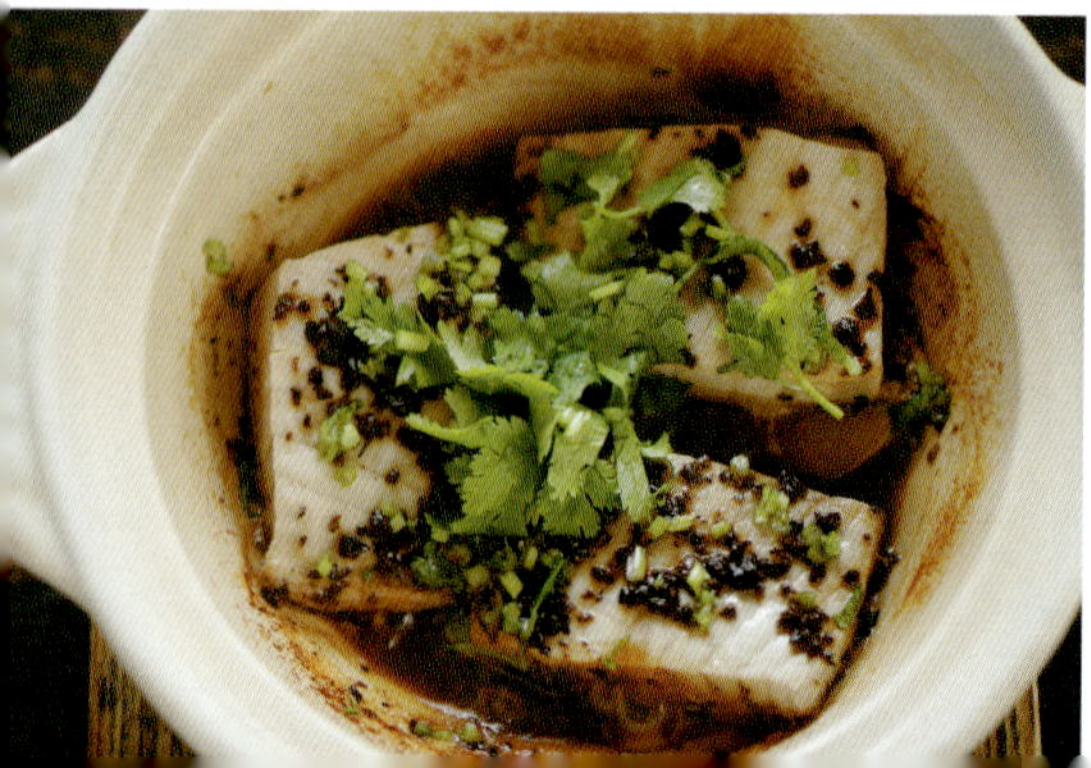

上・焼きりんごとポークソテー、湯呑みにはたっぷりの赤ワイン。下・火鉢で酒の燗を楽しむ。

右頁・鶏肉、豆腐、白葱の白い鍋。上・炭火で焼くだんご。
下・毎日の食卓を記録。

バターと黒糖、ラム酒の香りのバナナフランベ作りは、陽気に鼻歌まじりにやるといい。

バナナフランベ

アフリカの東岸に浮かぶマダガスカルへこれまで二度スケッチに出かけたことがある。この島に棲む珍しい動植物やフランスの植民地時代の街並み、人々の暮らしはとても魅力的だった。また、アジアとアフリカ、中東などが混ざり合った食文化も素晴らしかった。

旅行中、町のどんな食堂へ入っても食事が終わるとかならず給仕の人がデザートのメニューを持ってやって来た。昼食に「スープシノワ」と呼ばれる中華そばをひとつ食べてもそうだった。プリンなどの焼き菓子やヨーグルト、パパイヤやマンゴー、ライチなどの果物が出てきて、コーヒーを飲んでゆっくりと食事をしめくくるのである。熱帯雨林地帯の農園ではバニラが栽培されているので、どんな安食堂へ行ってもテーブルに置かれた壺のなかの砂糖には香りづけに黒色をした乾燥バニラが交ぜてあった。僕はこの国を旅してデザートの習慣がすっかり好きになった。

そのなかでも一番好きだったのはバナナフランベ。あまりにうまいので一カ月半の旅行の間に方々の店でこればかり食べていた。首都のアンタナナリボにあるコルベールという最高級クラスのホテルの食堂では、コックがうやうやしくワゴンの上にガスコンロとフライパンをのせてテーブルまでやって来て作ってくれた。バターでバナナを焼き、仕上げにラム酒をかけると炎があがった。僕はカバンからノートをとり出してこれはチャンスとばかりにその作り方をメモしておいた。

そのときのメモをたよりに帰国してからもバナナフランベをよく作る。家での食事会のデザートに作ると、友人たちからおいしいと褒められるのでうれしい。

フランベしてフライパンから炎があがると、お客たちはきゃあと歓声をあげる。あるとき、びっくりさせてやろうと調子に乗ってフランベのときにラム酒の量を増やしたところ、天井近くまであがった大きな火柱が、台所の網戸を燃やして腰がくだけそうになったこともあった。

作り方は、まず弱火で熱したフライパンにバナナ一本あたり大さじ二〜三杯ほどのバターを溶かす。バターは少し多すぎるくらいがよい。そこへバナナを並べて黒糖をふりかけ、そのまま弱火でゆっくりと焼いていく。砂糖の量はバナナ一本あたり大さじ三杯くらいだろうか。この菓子はやたらと甘いのがうまい。高カロリーで体によくない、といったことはしばし忘れたい。バターも黒糖も、他の菓子作りとちがって少々分量をまちがったってかまわない。陽気にちょっと鼻歌など歌いながら気楽にやるのがいい。その方がきっとおいしく出来るはずだ。

バナナから水分が出てきて、バターと砂糖が絡まり合い、ぐつぐつと煮詰まってカラメルソースが出来てきたら、それをスプーンで掬ってバナナに何度も丁寧にかけてやる。やがてバナナの表面に少し焦げ目がつきはじめたら、傷をつけないようにゆっくりとひっくり返して全体に焦げ目をつけていく。何度か繰り返すと、そのうち「く」の字に曲がっていたバナナはやわらかくなってまっすぐ伸びてくる。ほどよくアメ色になり、うっすらと焦げ目がついたところで、いよいよフランベだ。ここまではずっと弱火だが、ほんの少しだけ強めてラム酒を大さじ一杯ほどまわしかけ、マッチを一本すって近づけると、ボッと炎があがる。僕はめんどうだから、フライパンを斜めにして炎を移し入れてしまう。髪の毛が燃えたりしないように、少し手を伸ばしてフライパンを握っておいた方がいい。また、くれぐれも炎があがったときにびっくりしてフライパンを放り投げたりしないように、まずは心を落ちつけて。

火から降ろすとカラメルが冷めてすぐに固まるので、手早く皿に移して食べる。バニラアイスや焼いたパン、イチジクやりんごなどの果物やミントの葉なども一緒に盛りつけるとなかなか洒落たデザートになる。さらに、アイスに甘口のシェリーのペドロヒメネスなどをかけると大人の味になるだろう。グラッパやカルヴァドス、ウィスキーなどの食後酒とも相性がよい。

山のキャラメル

ときどき山歩きに出かける。なにぶん初心者で体力にも自信がないので、誰でも登れそうな高尾や奥多摩などの低山専門だ。友人には穂高や剣岳などへ行く人

もいて、山小屋に泊まったり、森林限界を越えたところの景色の話などを聞かされたりすると、いつもうらやましいなと思う。

東京近郊の低山といえども、ひとたび山道へ入ると木々がうっそうと茂り、岩の間に湧水が流れ、いろいろな野鳥が啼《な》いていて、ずいぶん山行気分を味わうことが出来る。岩だらけの険しい坂道もあり、地図を見ながら歩いていく。

目標はただひとつ、昼までに山頂にたどり着いて弁当を食べること。それを楽しみに、少々くたびれても汗だくになりながら登る。そして途中で何度か見晴らしのよいところで腰をおろして休む。背負っていたリュックをおろし、水筒の茶を飲み、リュックのポッケからキャラメルをとり出して食べる。四角い包み紙をむいて口に放り入れ、遠くまで山々が連なる景色を眺めながらゆっくり味わう。大人になってからはめったに食べることはないが、このときばかりは、しみじみ、ああ、うまいなと思う。濃い甘みで体が蘇り、あとひと頑張りと、ふたたびリュックを背負って山を登っていく。

ビジネスホテルでの調理研究

最近はどこの街へ行っても、少し前まで駅前や商店街でよく見かけた定食や丼物、麺類などを出す大衆食堂や、うまそうな出汁のにおいを通りにぷんぷん漂わせる立ち喰いそば屋などが姿を消してしまった。僕はガラスケースにサバの煮物

やマカロニサラダ、ほうれん草のおひたしなんかの皿が並び、好きなのを自分でとってきて見知らぬ人と合席して食べるような安食堂が好きだった。

旅をしてビジネスホテルに泊まることも多いのだが、ホテルに朝食を食べに行くと、パック入りの納豆が並べられたりしてどこか味気ない。ドラム缶のような鍋から味噌汁を掬うのもなんだかさびしい。普段、電球をひとつ灯しただけの薄暗い光で食事をとっているせいか、まぶしいほどの蛍光灯に照らされて食べていると胃腸の調子が悪くなることがよくある。ただ皮をむいただけの果物とか、ゆでただけの野菜とか、白粥など家の台所で作るような素朴なものを食べたいと思ってもなかなかありつけない。なんとか量や塩加減を自分の体の調子に合わせて食べたいと、旅先で食堂を探すことをやめて市場へ行ってみると、そこで働くおばさんたちが手作りした食品や地元にしかない魅力的な食材があふれているのだった。それで、あるとき妻と旅先の秋田の市場で買い物をして、ビジネスホテルで自炊を試みることにした。

泊まったホテルにあった調理器具は、ジョッキ型をしたステンレス製の電磁湯沸かし器のみであった。手はじめにテレビと電話だけの殺風景な室内をいくらかでも心安まる空間にしようと花屋でガーベラを一本買って生けてみたところ、それだけでなかなかいい雰囲気になった。花瓶は旅の途中で飲んだコニャックのポケットボトルの空き瓶。

この頃はうまいパンを売る店が増えたから、どこかにないだろうかと商店街を歩いて探してみると、おいしそうなパンを焼いている店があった。そこでバゲットを一本と瓶入りのジャムを買う。そのあと、市場へ行って食材とナイフを買ってホテルにもどる。

翌朝、さっそく調理にとりかかった。まずは電磁湯沸かし器で湯を沸かしてインスタントの粒コーン入りのスープを作ってみた。そしてコーヒーカップの皿にりんごやバナナ、キウイなどを切って並べ、ハチミツとレモン汁と黒糖をかけてフルーツの小皿を作り、洗面所のガラスのコップをよく洗ってそれに牛乳を注いだ。パンを切ってバターとマーマレードをぬり、近くの焙煎コーヒー屋で買ったドリップバッグのコーヒーを淹れると満ち足りた気分になった。旅先で描いた絵をスケッチブックから数枚とり外して壁に貼ってみると、まるで自分の部屋であるかのように思えてくつろいでくるのだった。

この朝食に満足したので、その日の夜は繁華街の酒場へ繰り出す予定だったが、ひきつづきこの部屋で夕食作りに挑戦してみようということになった。

牛乳を飲み干して、そのパックを開き、まな板の代用にする。小さいけれど部屋には冷蔵庫もある。

午後、仕事の用事をすませた後、食材を調達にふたたび市場で買い出しをしてホテルにもどる。ひと休みして大浴場でひと風呂あび、ノートパソコンで好きな曲を選んで流し、パンツいっちょうでさっそく調理開始。

まずは前菜。小肌の酢じめを開いて大葉と針生姜をはさんで紙皿に並べる。それからフランスパンでサンドウィッチをふたつ。ひとつは、酢じめの残りを斜めに薄く切ったものにレモンを絞り、トマトと玉ねぎの薄切り、クリームチーズ、パセリを挟んだロシア風サンドウィッチ。味つけは塩、コショウ。もうひとつはコンビーフサンドで、コンビーフに玉ねぎのスライスを重ねて粒マスタードをぬって挟んだ。ツナ缶に、レモンの皮を小さく刻み入れ、汁を絞り入れ、玉ねぎとパセリのみじん切りを入れたサラダも作る。

そしてメインディッシュとまではいかないが、岩手の牧場で作られているという高級そうな粗びきソーセージをビニールパックのまま電磁湯沸かし器でボイルしてトマトときゅうり、セロリを添える。スープはインスタントのコンソメスープ。テーブルクロスはホテルのフロントでもらってきた新聞紙。ベッドサイドの照明を絞ると窓から街の夜景も見えてなかなかいい。

まずまずの献立に満足して白ワインのボトルの栓を抜く。そして食後に給湯室の製氷機から氷を持ってきてウィスキーハイボールを作り、生チョコレートとミックスナッツをつまみながら夜景を楽しんだ。

あとかたづけのとき、ユニットバスの流しで洗顔用の液体石鹸《せっけん》を使って食器を洗ったのだが、衛生的には大丈夫だったろうか。まぁ、顔が洗えるくらいだから心配ないだろう。

翌日、我々の研究はさらにすすむことになる。朝食に電磁湯沸かし器で、ゆで卵を作ることに成功。さすがに米は炊けないから、市場のおばちゃんの手作りのおにぎり。秋田こまちのいくらとしゃけ入りだ。一杯分ずつビニールパック詰めにされた出汁入り味噌を水に溶いて沸かし、なめこと葱を加えなめこ汁も作った。それに漬物。旅先で見つけたおいしそうな漬物をこうして食べられるのはうれしかった。

さて、電磁湯沸かし器ひとつで一体どこまで調理が可能か。こうなるともう少し研究をしたいと思うものである。市場で買い物をしたときに地元の製麺屋で作っている、いかにもよく売れていそうなビニール詰めのうどんの玉と、おばちゃんたちの手作りの、ちょっと褐色の焦げ目のついたかき揚げがずっと気になっていた。こうしたものは食べてみたいと思うが、わざわざ東京まで持ち帰るのもどうかと思って、気になりながらも買うことがなかった。それで、天ぷらうどんに挑戦してみる。

まずユニットバスの洗面台に熱湯をためてビニールパックごと麺をあたためた。昔、学校給食で出されたカレーうどんの蒸し麺を思い出してやってみたのだが、この方法ではなかなか思うようにやわらかくならなかった。そこで、うどんを食べるために買ってきた使い捨ての発泡スチロール製の丼に割箸でたくさん穴を空けてザルを作り、うどんを入れて直接熱湯をかけ続けると徐々に麺がほぐれてきてずいぶんいい感じになった。つゆはビニールパック入りのものを電磁湯沸かし器であたため、醤油と酒で好ましく調味しておいた。そしてやはり、うどんならばおろし生姜はぜひ入れたい。僕はチューブ入りの生姜が嫌いだ。ただ、おろし金が無いので、できるだけ細かく刻み針生姜にして麺の上にのせた。しかし、食べてみるといまひとつ生姜の風味が足りない。やはり、おろし生姜を入れるべきだ。何か生姜をおろせるものはないだろうか。部屋を見まわし、ふとユニットバスに置かれていたプラスティック製のまだ使っていないヘアーブラシが目に入った。これを熱湯消毒して、ナイフで長い毛を短く、でこぼこに切り落とし、生姜をガリガリこすってみるとようやくおろし生姜が出来た。

翌日の昼には、当たり前のように部屋でうどんを作ることが出来、次は、ぜひそばにも挑戦してみたいなどと思うのだった。

さて、夕食の支度にとりかからねばならない。もっとこの部屋で出来ることがあるのではないかと意気込んで買い出しに出かける。せっかく調理したものをのせるのに、紙皿やプラスティックのパックだけでは淋しいではないかと散歩の途中で陶製の皿を一枚買う。さらにマグカップやテーブルクロス、どうせなら、小鍋とポータブルガスコンロなども買ってはどうだろうと話し合ったが、しかし、それはやりすぎではないかということになる。ぎりぎりのところで、ビジネスホテルらしさを残さなくてはならない。食材だけを買って部屋にもどる。それからひと休みしようとしたのだが、ベッドの上に大量の食材のビニール袋がみすぼらしく転がっているのを見てうんざりした。そして、これ以上はやめて家に帰った方がよいということに気づいた。我々は調理のために延泊していたのだ。ほどほどにすべきであろう。

だが、この研究のおかげで、その後はテーブルクロスに用いるチェック柄のハンカチとコンパクトな調理セット、ワインの栓抜きなどをカバンに詰めて旅に出て、これまで以上に旅を楽しむ自信がついた。

鳥鍋

東京の湯島に「鳥栄」という、昔ながらの木造の一軒家でうまい鳥鍋を食べさせる店がある。たたずまいも素晴らしく、僕はこの店が好きでたびたび行きたい

と思うのだが、人気でなかなか予約がとれないうえ、住んでいる国分寺の家からも遠い。それで、その店風にゆでた鶏肉を大根おろしとうずらの生卵、醤油を入れた椀につけて食べる鳥鍋を家でよくやる。

まず、鶏肉のいろいろな部位を一口大に切り分けてバットに並べていく。ももも肉、むね肉、ささみ、砂肝、さらにハツやレバーなどの内臓も好みであれば加えるといい。そしてひき肉もあるといい。これはボウルで葱と生姜のみじん切り、片栗粉と混ぜ合わせ塩、コショウ、酒をふっておくとよい。次に、白葱を一本ばかり二センチくらいの輪切りにしておく。あとは湯をたぎらせた鍋に少しずつ入れて、ゆでながら食べるだけだ。ひき肉はカレースプーンを二本用意して、一本でボウルから掬いとって、もう一本でスプーンから鍋にたぎった湯に落とし、そのままの形でゆでる。薬味には七味や山椒、柚子こしょうなどがいい。

食べ終えて鍋に残ったスープは酒、塩、葱のみじん切り、生姜汁を加え、ごはんにかけて食べるとおいしい。

鴨鍋

鴨肉から出る出汁をそのまま生かして薄味に仕立てるので、日本酒にもワインにも合う鍋だ。鴨というだけで、ちょっと上等な感じもするからお客をもてなすのにもいい。自分でもうまいと思うが、食べた人たちにも評判がよく、レシピを教えてほしいと言われることがある。以前、蓼科の別荘でこの鍋をするつもりだ

った友人がレシピを忘れたと言って電話をよこしてきたこともあった。

鴨は肉屋で売られている「合鴨」というのでよい。一人前分が一〇〇から一五〇グラムほどだろうか。どちらかというと、その出汁で煮た野菜の具の方をたくさん食べることになるので、そんなにたくさんはいらない。買うときに「へぎ切り」にしておいてもらうとあとで調理が楽だ。

作り方だが、まず土鍋とは別の大鍋に土鍋の容量の二〜三倍くらいの量の出汁を作る。食べるとき汁を飲むので、その補充用に多めに作っておくのである。湯を沸かして、かつお節で出汁をとり、酒と醤油を一対一で入れて味つけをする。醤油にほんの少しばかりたまり醤油を混ぜるとこくが出ておいしい。塩加減が足りないぞ、というくらいで丁度よい。鴨や野菜からも出汁が出てくるし、食べているうちに煮詰まってほどよい塩加減になる。また、醤油が濃すぎると、味がくどくなって鴨肉や野菜の風味がしなくなり、すぐに飽きてしまう。そして、ワインの果実の香りとも合わなくなる。

鴨肉の下ごしらえは、白い脂身のところのスジに切れ目を入れ、ザルに並べて山椒をふりかける。そして、少し肉が白くなる程度に熱湯をかければ完了。こうしておくと、煮たときにスジが固くなっても食べやすく、肉の臭みもとれる。鴨肉の他に、白葱、牛蒡、水菜を準備する。白葱は六、七センチほどに切って開き、太めの白髪葱を作るように、タテに細長く切る。牛蒡は細めのささがきにして軽く水にさらす。水菜は白葱と同じくらいの長さに切る。

土鍋に大鍋から移した出汁を沸かして鴨と野菜を入れて煮る。一度に全部入れないで全種類を少しずつ入れ、食べ終わったらすっかりさらって、また入れるというのを繰り返して食べていく。さっと火が通ったところを食べるのがおいしいので、ここは鍋奉行がしっかりしていることが肝心。出汁が少なくなったら大鍋からとって足す。

食べ終わったあとは、シメに少し醬油を足して味を濃くしてそばを入れて食べたり、ごま油をほんの少しと塩を少々入れて汁の味を調え、チャンポン麺（なければ、中華麺を硬めにゆでたもの）を入れ、九条葱をどっさり入れて食べたりするとおいしい。もちろんごはんを入れて粥にするのもいい。

生姜の鍋

秋から春先まで食卓の傍らで七輪に炭をおこして鍋をかけ、何かしらそこで料理を作っている。湯豆腐のときもあれば、ボルシチのときもある。寒い季節はただあたたかい食べ物であるというだけでありがたく、毎晩長い晩酌をする我が家の食卓に、煮えたてを好みの分量だけとりながら食べられる鍋は都合がよい。

以前は料理の本に書いてある通りに材料を買いそろえて色々な鍋に挑戦してみたりもしたが、この頃はそういうことがほとんどなくなり、はんぺんでも芋でも、

家にあるものを適当に入れて、長年の経験とカンだけで料理をする昔のおばあさんが作るような鍋になった。ただ、大きく分けて二種類の鍋がある。味つけした出汁でコトコト煮て食べる、きりたんぽ鍋のようなものを「鍋」、ただゆでるだけで、椀の薬味をつけて食べるしゃぶしゃぶのようなものを「ちり」と呼んで、どちらの食べ方にするかだけは決める。たとえば、冷蔵庫に豚肉と白菜があったとしたら、それを刻んで出汁で煮て食べれば「鍋」、湯にくぐらせてからしや醬油をつけて食べれば「ちり」という按配である。

少しこってりしたものを食べたいときは鍋、あっさりしたものをというときはちりがいい。まったく気まぐれで適当に作っているのだが、そのなかでいつしか定番になっている鍋がひとつだけある。生姜を多く入れるので「生姜鍋」と呼んでいる。以下に記す具材をすべてそろえる必要はないが、出汁を自分で作るということと、おろし生姜だけは欠かせない。

まず、土鍋にかつお節の出汁をとり、酒、醬油を一対一で足して味つけをする。あとから野菜や肉のうまみが出るので味が薄すぎると思うくらいの塩加減でよい。

あれば、ほんの少したまり醤油やしょっつるを加えるとよい。我が家では「そばだし」の項に作り方を書いてある、そばだしを少し水で薄めて使う。

次は具材の準備だ。豚バラ肉、木綿豆腐、白葱、牛蒡、里芋、セリ、糸こんにゃく、舞茸、油揚げを切り分けてバットに並べておく。白葱は斜め薄切り、牛蒡はささがき。糸こんにゃくはゆでこぼして下ごしらえしておく。それからボウルに大和芋をおろす。豚バラのかわりに鶏のもも肉や肉だんごを使ってもおいしい。また、キリタンポや、小麦を練ってちぎっただけの「ひっつみ」を入れるのもいい。準備しておいた汁を土鍋（一人か二人ならば一人前の湯豆腐用のアルマイト鍋というのも一杯呑み屋の雰囲気で、なかなかいい）に移し七輪の火にかける。ここに生姜を皮ごとおろして入れる。好みだが、うちでは玉杓子一杯ばかり入れる。

出汁が煮たったら、具材を入れて煮る。おおよそ火が通ったなと思ったら、おろした大和芋をカレースプーンでボウルから掬い、鍋に落とし入れ、ひと煮たちしたところで食べはじめる。薬味には柚子コショウか七味がいい。おろし生姜で芯からあたたまる鍋だ。

鮟鱇鍋

冬になると魚屋に鮟鱇《あんこう》の切身が並ぶ。この深海に棲む魚の姿を初めて見たのは、四ツ谷の鮟鱇料理店だった。入り口にずいぶん大きいのを吊るしてあったのだが、

そのあまりにも醜い容姿にとまどった。大きなアゴばかりが目立ち、いわゆる魚らしい形をしておらず、得体が知れなかった。しかし、その容姿とは裏腹に、これほど上品な出汁の出る魚はいないだろう。鮟鱇鍋は河豚やブリなどの鍋のようにさっと湯にくぐらせて身を食べるのではなく、骨や身から出汁をとるためによく煮込む。煮込むと身が小さく縮んでしまうが、それでいいのである。

作り方は、まず、臭みをとるために鮟鱇の切身をザルに並べ、軽く塩をして熱湯をかけ、湯引きをする。これを昆布と一緒に土鍋に入れ、水をはって火にかける。沸騰してアクが浮いてきたら掬って、酒と醬油で味つけをする。醬油のかわりに味噌でもよい。味つけは好みである。最初は少し薄めにしておいて、足りないようなら途中で濃くしたらよいだろう。大根、白菜、人参、豆腐、麸、えのきなどの具を入れ一緒に煮込んで食べる。寒い冬の夜に、燗酒などちびちび飲みながら、熱々の汁をふうふう言ってすすると、うまくて、おおうとため息が出る。

夏の鍋

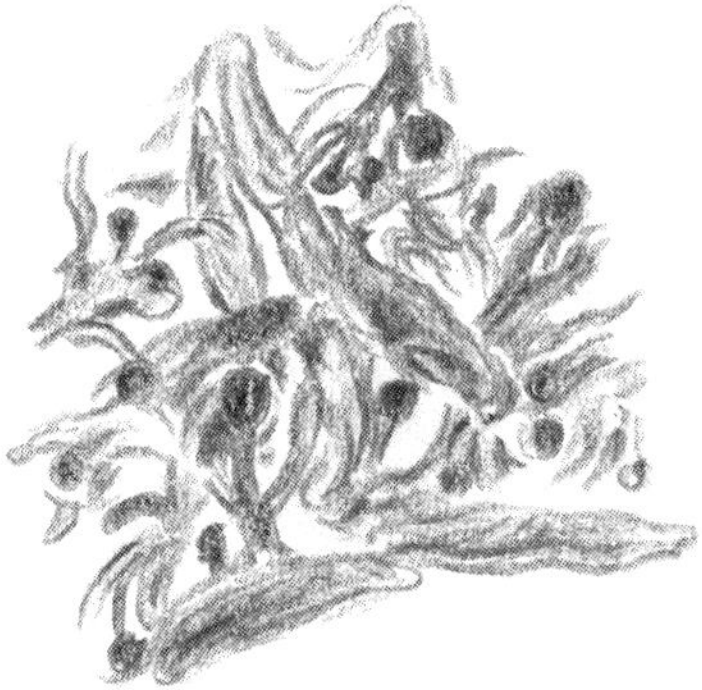

秋田を旅したときに立ち寄った本屋で、秋田には夏に食べる鍋があると知った。南北に長くのびるこの県は、県北、県央、県南の地域に分かれていて、少しずつ

食文化にもちがいがある。夏に鍋を食べるのは県北地方で、じゅんさいを使った「じゅんさい鍋」やクジラを使う「クジラかやき」という鍋があるという。さっそく電車に乗って県北の能代の町を目ざしてその鍋を出す店を探しに出かけた。そして、その二つの鍋を食べてみて、僕は、ことに、じゅんさい鍋が気にいった。その、つるつる、コリコリした歯ごたえがなんともいえなかったのだ。ちなみに「かやき」は「貝焼き」がなまったもの。もともとホタテの貝殻に魚介や野菜をのせて煮て食べる料理のことだが、今では鍋そのもののことをかやきというそうだ。

梅雨が明けた頃、秋田の魚屋の店頭では透明なゼリーのようなものにくるまった淡い黄緑色の茎に赤紫色の可愛らしい芽をつけたじゅんさいが売られている。瓶やビニール袋に詰められているものとは異なり、魚や貝を入れる発泡スチロールの箱に入って量り売りされている。野菜の類いなのに魚屋で売られているのを不思議に思うが、じゅんさいは畑ではなく沼地で採れるからだろう。新鮮でいかにもおいしそうな色をしている。小さいほど値が張るが、じゅんさい鍋には大きなものを用いるらしい。

また、秋田には「みず」と呼ばれるこの地方特有の沢でとれる山菜があり、じゅんさい鍋には欠かせない。蕗のような形をしていて、ねばり気があり、その名の通りみずみずしくさわやかな風味がある。新鮮なじゅんさいもみずも、東京では手に入らないので秋田で買い求め家へ送った。

本来は比内地鶏のスープを使うらしいが、さっぱりしたものもよいだろうと、かつおで出汁をとって酒と醬油で味つけをし、地鶏、みず、じゅんさい、ささがき牛蒡、豆腐、白たき、舞茸、セリを入れて煮てみる。

みずは、葉をとって皮をむき適当な大きさに切り分けるのだが、秋田では包丁を使わずに手でポキポキ折って、そのまま皮ごと引き裂いていた。秋田のセリは、根が長く美しい。有名なキリタンポ鍋は、この根も一緒に入れて煮るのだが、セリも一緒に買って送るべきだったと惜しまれた。蒸し暑い夏に鍋をつついて、冷たい酒を思う存分飲み、ごろごろするというのもいいものだと思う。

すき焼き

すき焼きというと、神戸や東京下町の老舗、博多の料亭などで様々に作り方の流儀があったり、肉質においても、どこそこ牛の霜降りの上等なのといった深い探求がある。あるいはまた、肉や具材を一緒に煮たりせず、ひとつずつ順に厚手の鍋で焼きながら食べるという魯山人のような食通もいて実にややこしい。すき焼きは、まだ文明開化の途中なのだろう。

しかし、貧乏気まぐれ主義の我が家のすき焼きは、ただ大衆居酒屋で用いるようなアルマイトの底の浅い鍋に、そばを食べるときに使うそばだしと酒を加えて煮立て、肉や野菜を放り入れるだけである。甘い味にしたいときは、さらに砂糖やみりんを加える。また、椀に生卵を落としてつけて食べることもあれば、何もつけずにそのままという日もある。肉も牛肉にこだわらず、豚肉、鶏肉などその日食べたい肉を使う。僕は、この食べ方が一番うまい。ちなみに鶏肉のすき焼きは「とりすき」と言うけれど、「ぶたすき」というのは聞いたことがない。

すき焼きに使う肉を選ぶとき、牛の霜降り肉というのが、どうにもべとべとしていて嫌いで、いつも赤身を買う。あっさりとした牛の赤身を鍋に入れ、色が変わったくらいでさっと箸で掬いあげて食べる。また豚ならば、バラ肉の薄切りにしたものとロースや小間切れなどを混ぜ合わせて買う。こちらは鍋でよく煮て食べる。ロースとバラでは肉の味がまったく異なるので、色々あった方が食べていて楽しい。鶏は、地鶏のもも肉とむね肉の皮をはぎ、一口大に切って入れる。いずれの肉も煮ていると脂が出てきて味がしつこくなるのでときどきアクを掬った方がよい。アクを掬うことは肉質へのこだわりよりも大切だ。肉以外の具材は木綿豆腐、白たき、春菊、白葱、ささがき牛蒡。あれば、麩やえのきを入れる。すき焼きと呼んでいいのかわからないが、肉のかわりにカジキマグロや豆腐を入れることもある。

映画監督の小津安二郎は映画の製作中に泊まっていた湘南の茅ヶ崎にある旅館

の自分の部屋で火鉢に火をおこして「カレーすき焼き」というのをたびたび作ったらしい。小津ファンである僕は何度かその部屋に泊まったことがあるが、そのすき焼きのために天井は黒く煤けたままであった。ふるまったスタッフたちにはまずいと評判であったそうだが、寝転んでその天井を見つめ、一体どんな味だったかと想像をしてみた。味はともかく、海岸の波の音を聴きながらみんなでつついたすき焼きはさぞや楽しかったであろう。

おでん

パリに住んだことのある友人から、あちらで和食を作ろうとしたら、おでんが一番高くなると聞いたことがある。たしかにどれも安価な食材ばかりだが、日本でしか売っていないものが多いから、食材を集めるだけで高額になってしまうだろう。おでんは屋台でコップ酒を傾けるときの安い肴の代名詞のように思っていたが、この話を聞いて、いつでも食べられることをありがたく思った。しかし、よく考えてみるとパリでなくても、それひとつでも十分おかずになるような具材を買いそろえて、そのまま鍋に入れて煮込むこの料理はなかなか贅沢《ぜいたく》なものではないかと思う。おでんにはなんとなくハレの雰囲気もあって、人と一緒に食べて

いると、よくどの具が一番好きかという話題になり、なんとなく顔がほころぶ。自分が好きなものをとって食べるという自由なところもこの料理の楽しさだ。

さて、我が家のおでんの作り方。まずは、干ししいたけと昆布をボウルに入れて水でもどしておく。それから、いざ具材の調達。卵、さつま揚げ、竹輪、かまぼこ、なると、厚揚げ、えのき、大根、春菊、中葱（九条葱や博多万能葱）、ちくわぶ、こんにゃく、たけのこ、はんぺん、ソーセージ、牛すじ肉、それに豚バラ薄切り肉、みょうが、ミニトマト。それに干瓢《かんぴょう》。買い集めているだけで、これから大仕事をするのだと気分が高揚してくる。

まずは、大鍋に米のとぎ汁を沸かし、輪切りにして皮をむいた大根、適当な大きさに切ったこんにゃく、卵の順番で別々にゆでて、それぞれ水洗いをしてザルにあげておく。卵は殻をむく。

この間に、牛すじの下ごしらえをする。別の鍋にたっぷりの水と牛すじ肉を入れて火にかけ、沸騰したらいったんザルにあげ、水で洗って丁寧にアクを落とす。そしてふたたび鍋に入れ、新しく替えた水で水からやわらかくなるまでゆでる。

二〇〜三〇分くらいだろうか、弱目の中火でゆっくりとゆでる。さらにあとでおでんの出汁で煮るので、少し歯ごたえが残っているくらいでよい。ゆであがったら適当な大きさに切って串に刺して置いておく。

さて、そんな下ごしらえをしながら、別の大鍋でおでんの出汁を作る。まず、干ししいたけと昆布をもどしたものに水を足し、出汁がとれたところで、とり出して、さらにかつお節で出汁をとる。酒、醤油、それから、ほんの少したまり醤油とみりんを加えて煮立てたら完成。火はずっと弱火のままだ。具を入れると鍋からあふれるので、鍋一杯に作った出汁は三分の一ほどを残して、あとは食べるときの補充用にボウルなどによけておく。

えのきと中葱は根を落とし、湯でもどした干瓢で巻いておく。

次に、みょうがとミニトマトの豚バラ巻の串。まずは豚バラ肉の薄切りを一〇センチほどに切っておく。それをタテ半分に切ったみょうがに巻き、串に刺す。ミニトマトの方はへたをとって豚バラ肉を巻いて串に刺す。その他の厚揚げ、なると、かまぼこ、ちくわぶは適当な大きさに切って串に刺し、さつま揚げ、ソーセージ、竹輪はそのまま串に刺す。

　こうして下ごしらえを終えた具材をバットに並べると、実に壮観である。僕は、いつもここで思わず大仕事を終えたあとの、ほぉーっというため息が出るのだ。

　さて、あとは出汁をはった鍋に好きなものを入れて弱火でコトコト煮て食べるだけである。お客が何人やって来ようとも、「どうぞご自由に」である。お客にまかせて自分も一緒に飲めるというのも、おでんのいいところだ。

　何から煮てもかまわないが、春菊と中葱、みょうがとミニトマトの豚バラ巻は、食べる直前に入れて、さっと火が通ったところを食べる。我が家では、おでんの鍋の隣に七輪を用意して、一度鍋で煮た豚バラ巻をさっと炭火で炙り、もう一度鍋にもどしすぐにあげ、醬油をかけて食べる。豚バラ巻のちょい焼き。これが、実にうまい。

　ひとたび家で作ると、ちょこちょこ好きな具を加えながら一週間ほどおでんの日が続く。毎日料理を考えて作らなくてよいから楽なので、忙しいときなどは助かる。しかし、鍋のなかでずっと煮続けていると大根も竹輪もソーセージも、形がちがうだけでどれも同じ味になるので気をつけねばならない。具材が形骸化してしまうのである。このまま形骸化がすすんでいくと、せっかくの楽しいおでんの祭りが、いつしか同じ味のものを食べ続ける地獄の日々と化してしまう。おでん屋さんのように、毎日、具材をザルにあげたり、煮くずれて鍋の底に沈んだ具のかけらが混ざっただし汁を濾して、丁寧に再生させたりすればよいが、家ではめんどうでなかなかやらない。

卵とこんにゃくは長く煮た方がおいしいが、大根は案外ちょっと煮ただけでもおいしいし、ソーセージやさつま揚げ、はんぺんなどは、さっとでいい。というふうに、煮込むほどにうまくなるという伝説は捨て去ってそれぞれ素材の風味が残る程度に煮ていくのが、おでんをおいしく作るコツではないかと思う。案外、どの具もそれほど煮込まなくていい。しかし、ただひとつの例外はちくわぶだ。この具は初めから形骸化をもくろんでいるようなところがある。鍋のなかでくつくつ煮えながら、他の具材の旨みを吸収する地道な仕事をこなしている。気づくと、ちくわぶに、みんなの良さが集っているのである。

新聞紙

家から少し離れたところにアトリエを間借りしていた頃、昼食に弁当を持って通っていた。弁当は四角い竹編みの箱にめしやソーセージなどを詰めた簡単なものだが、その弁当箱を新聞紙でくるみ、ぱちんと輪ゴムをかける。ハンカチで包んだり、布袋に入れたりしてもよいが、僕には新聞紙にくるんだ方が、なんとなくおいしそうに見えた。子供の頃に親がよくそうやって包んでくれ、それが懐か

しいせいかもしれないが、そういう簡素な雰囲気が好きなのである。焼き芋や八百屋の野菜なんかでも新聞紙にくるまれているのを見ると、どことなく素朴な生活臭が漂っていていいなと思う。

アトリエでは長い時間、誰と話すこともなく画布と向き合って過ごす。時折、描きながら独り言などをつぶやく。

「うーん、なかなかいいんじゃないかな」

「ああ、この色じゃないなぁ……」

ほとんど体を動かさないで過ごしているが、お昼が近くなるとお腹が空いてくる。しかし、時計の針が一二時になるまでは、と弁当を開くのは我慢していた。

やがて昼になるとまた独り言である。

「そろそろ、弁当にしよう」

茶を淹れてラジオをつけ、弁当箱を開く。食べはじめると、ついつい机に広げた何週間も前の新聞記事を読むことになる。時折、面白い記事を見つけて切り抜いたりもする。新聞紙で弁当を包むと、そんなこともある。

粥

ごはんが好きで、いつも多めに炊いてしまう。以前は残ると炒飯にしたり、蒸してあたため直したりしていたが、この頃は粥にすることが多い。土鍋で米から炊くのが本式だと思うが、この残りめしの粥がなかなかうまいのである。

恥ずかしながら粥というものは、長らく、風邪をひいたり腹をこわしたりしたときにだけ食べるものだと思っていたのだが、ずい分昔に取材で中国を旅したときに初めて粥のうまさを知った。大きな鍋でたっぷり沸かした湯に米が泳ぐように炊き、それを掬って茶碗にとって食べる。まるで米のスープのようだった。油で揚げて塩をまぶした南京豆、ピータン、塩ゆでした豚肉の薄切りや青菜などをのせて食べるのだが、ほどよく塩味が湯に混ざり合って、このまま何度もおかわりをして粥をかき込み続けてしまうのではないかと思うほどうまかった。

粥といえば、マダガスカルを旅したときに食べた粥もうまかった。ホテルや食堂では朝食にヴァーリアミナーナナと呼ばれる粥が出た。注文すると、カレー皿に盛った粥の上に、太いソーセージや牛肉をこんがりと焼いたのが一片のって出てくる。こうしたものをかじりながら、サカイという唐辛子の薬味をつけて食べるのだが、肉の香ばしさが米汁に溶けて抜群のうまさであった。

さて、残りめしを使った我が家の粥だが、中国の粥のようにたっぷりの湯に入れてスープのようにすることもあるし、反対に、ごく少量の湯を沸かして蓋をして炊いて、蒸しめしのようにすることもある。そして、硬さを調整するために長めに炊いてやわらかくすることもあれば、ごはんを入れたら、すぐ火を止めて硬くすることもある。湯の量や炊く時間を調節して、その日食べたい粥を作る。ほうじ茶や烏龍《ウーロン》茶で炊いて茶粥にすると米の臭みもとれ、香りもよくておいしい。あるいはまた、芋や、ゆでた豆などを一緒に入れて炊くのもいい。麺と同じで、時間がたつとふやけてしまうから、作ったらすぐに食べた方がいい。

粥など自分で好きなように炊けばよいと思うが、ためしに茶粥の作り方をひとつだけ。

冷凍した残りめしを使う場合は、あらかじめ解凍しておかないと、凍った中心まで火が届く間に、周りが溶け出しどろどろになってしまう。朝、粥にしようというときは前の晩に冷凍庫から冷蔵室へ移しておくとよい。

手鍋の三分の二くらい湯を沸かし、弱火にして小匙山盛り一杯のほうじ茶の葉を入れ、茶が出たら、いりこを掬うように茶葉を網で掬いとって捨てる。ほうじ茶は薄めでよい。そこに残りめしを入れ、火を強める。ふたたび沸騰をはじめそうになったところで、さっと火を止めて茶碗にとって食べる。いつもはやわらかく煮すぎず、茶漬けと同じくらいのめしの硬さがうまいと思ってそうしているが、やわらかい粥にしたいときは、このまま火を止めずに好みのやわらかさになるまで炊く。塩鮭、イカの塩辛、塩昆布、ちりめん山椒、佃煮、焼きたらこ、沢庵、梅干し。好きなものを添えて食べればいい。

ときどきマダガスカル式に、湯で硬めに炊いた粥を平らなカレー皿に盛り、その上に焼いた肉やソーセージをのせて香菜や白髪葱、豆板醤などを薬味にしてスプーンとフォークを使って食べるのだが、これも愉しい。

そばだし

九州にいた頃は、もっぱら、そばよりはうどんだったが、東京に住むようになってからは本当によくそばを食べるようになった。東京は、そばがうまい。

会社に勤めた頃、先輩方に「そば屋」で飲む酒の味も教わった。そば味噌やにしんの棒煮、板わさなどで一杯やって、もりそばでシメる。うまいそばなら、七味をかけるだけでそのまま酒の肴にもなる。また天ぷらそばのアタマを肴に飲むのもいい。こんな酒が飲めるそば屋があるだけで、とても外国には住めない。

会社の近くに、「天もりそば」というかき揚げ入りの熱いつけだれを出す店があった。薬味は大根おろしと葱、三つ葉にわさび。僕はこれが大好きでたびたび通っていた。

会社勤めを辞めた頃、ふとそば打ちに憧れて家でも何度か打ってみたこともあった。しかし、これは大変なので早々にあきらめた。以来、乾麺党である。しかし、そばの出汁の方はなかなか好みのものが無いので、自分で作っている。いろいろやってみた末、納得のいくものが出来たと思う。

さて、そのそばだしの作り方。鍋に湯を沸かし、かつお節を惜しまず鍋に山盛りに入れる。このとき、一度沸騰させた湯を、ぽつぽつと鍋底から泡が立ちのぼるくらいの火加減にしておくことが大切だ。最後まで、この火加減で続ける。かつお節が沈んで出汁が出たら、かつお節を網で掬い出す。本当はふきんで丁寧に濾さねばならないのだが、僕はめんどうなので、玉網を使う。このとき、もったいないからといって掬いあげたかつお節を絞ると、かつおの臭みが出てしまうのでやらない方がいい。

かつお節をあげた薄い褐色のだし汁に酒、醤油とたまり醤油を加え、そのまま一〇分ばかり弱火にかけて酒のアルコール分をとばしたら出来上がりだ。ここでも火加減が大切で、ぐつぐつ沸騰させてはいけない。弱火で静かに沸騰させる。見た目にぐつぐつと沸騰していなくても、水の沸点は一〇〇度、アルコールは七六度だから、アルコールだけが蒸発している。

かつお節や醤油は特別なものではなく、一般に市販されているもので十分だが、ちなみに僕は醤油は「ヤマサの丸大豆しょうゆ」。酒は一番安いパック売りのもの。ただ、たまり醤油だけにはこだわって「関ヶ原たまり」を使う。分量は自分の好みで適当にやればよいと思うけれど、水二リットルに対して、おたまに酒五杯、醤油三杯、たまり醤油二杯くらいだろうか。出来上がってすぐよりは、冷まして一晩寝かせてなじませてからの方がおいしい。

瓶に移して冷蔵庫に入れておけば一週間くらいはもつ。このそばだしを使って中華そばやカレーライス、牛丼や親子丼なども作るので、今では我が家の大切な万能調味料になっている。

うどん

うどんほど様々な調理法に対応できる麺はないだろう。つゆで食べてよし、炒めてよし、煮てよし。また、地方色も豊かだ。どこまでも庶民的で、「食べる」と言うより「食う」と言う方が似合う食べ物である。

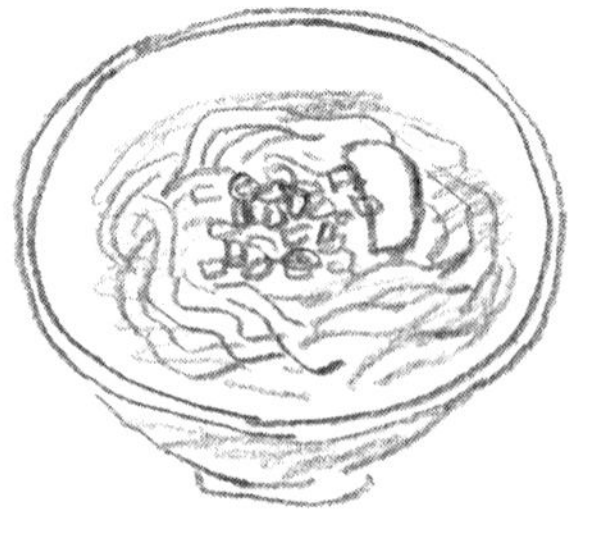

麺が好きだった僕の父は、四〇年ばかり前にそれまでやっていた商店を閉めて讃岐へ修業に行った後、小倉で母と二人でうどん屋をはじめた。しかし讃岐のうどんと言えばコシが売り。もともと小倉ではコシのあるうどんなど食べなかったので、父はずいぶん苦心してコシのあるようなないような、地元の人が好む麺を作りあげたらしい。今は弟がその店を継いでいるが、この父と母が作ったうどんは僕には懐かしい味だ。

あちらこちらで食べ歩くうちに、かなり具体的なうどんの理想像が出来た。薄いすり鉢のような形をした浅い丼に、熱々のつゆが湯気を立て、青い葱と赤い縁《ふち》のかまぼこだけが浮き、白く太い麺がゆらめいているというような素朴なかけうどんだ。天ぷらなどに味を惑わされることなく、ただ麺とつゆの絡みを楽しめる。薬味にはおろし生姜と一味唐辛子。こういうどんを、いなり寿司をぱくつきながら音をたててすすり込みたい。さらに勝手ながら言わせてもらうと、店がまえは安っぽい杉板と漆喰だけの簡素な造りをしていて、毛筆で書いた品書きが似合うような雰囲気だといい。写真付きのパウチのメニューなど無く、白い割烹着《かっぽうぎ》を着たおじさんが、「何にしますか」とお盆に出がらしのお茶をのせて注文をききにやって来るようならば、なお理想的だが、最近そんな店は見かけなくなってしまった。

僕がよく家で食べるうどんの作り方を書いておく。両親が作ったうどんの味とはずい分と異なる。

まず、つゆを作る。鍋に昆布、煮干し、干ししいたけを入れ、一時間ばかり置いてゆっくりともどす。前日から一晩置いておけば、もっとやわらかく深みのある出汁がとれるだろう。それに水を足して弱火で静かに煮立てる。小さな泡がぽつぽつとたつ程度の火加減でよい。煮立ったら、昆布だけをとり出し、もう少し煮て、煮干しとしいたけもとり出す。そこに、さらにかつお節で出汁をとる。そのあと、酒、醤油、みりん、塩で味を調える。酒と醤油が一対一になるようにする。みりんはその二つに対して、うんと少なくてよい。火はずっと弱火のままぽつぽつと泡がたつ程度で。ぐらぐらと強火で煮立てたりしてはいけない。しょっつるを加えてさらに味に深みを出すこともある。つゆの色を黒くしないために関西や九州では、うすくち醤油がよく使われる。うすくち醤油というのは醤油の黒い色をおさえて塩分を濃くしてあるのだが、僕は、なんとなく醤油のうまみが希薄な気がして使わない。かわりに丸大豆醤油とたまり醤油、塩を混ぜて使う。このへんは好みでいろいろやればいいと思う。黒いつゆが好きな人は、醤油を多くすればよいし、白いのが好きな人は醤油を少なくしてその分塩を増やせばいい。ただ、すでに十分うまい出汁が出ているので調味料はひかえめでいい。軽く塩をふって酒を入れるだけでもよいくらいだ。これでつゆが出来上がり。

麺は別の鍋に沸かした湯でゆでるのだが、麺を入れたときに温度が下がらないように、できるだけ大きな鍋にたくさん湯を沸かしておいた方がいい。ふきこぼれるので注意しなくてはならないが、僕は麺を入れたあと、一瞬蓋をして湯の温度を保つようにする。

ゆでた麺を丼に移し、このつゆをかけて食べる。何でも好きなものをのせて食べればよいが、葱とおろし生姜だけはぜひあった方がいい。唐辛子は七味より一味。赤唐辛子を種ごと、ざくざくに粗く切った薬味を入れてもおいしい。

中華そば

郷里の小倉で過ごしていた頃は一家そろってラーメン好きで、よく一緒に食べに行ったものだ。贔屓《ひいき》にしていたのは「月天《げってん》」という店だった。月天というのは

大分県の方言で頑固者という意味らしい。店のカウンターのガラスケースには、作りおきされた白いにぎりめしに沢庵を添えた小皿が並んでいるのだが、この冷えたにぎりめしが熱々のラーメンスープによく合う。九州では、ラーメンを汁がわりにしてめしを食べる習慣があり、茶碗に熱々のごはんを盛って出す店もあるのだが、僕はだんぜん冷たいおにぎり派である。れんげなど使わずに手に箸を持ったまま小ぶりの丼を両手で持ちあげて、にぎりめしをほおばり、麺とスープをすすったときのうれしさといったらない。

家では、マルタイ食品の棒ラーメンをよく作った。少し硬めに麺をゆでて、もやし、海苔、ゆで卵、ハム、それに青い葱をどっさりのせて食べた。インスタントラーメンをいかにおいしく食べるかということに家族一丸となって情熱を注いだ。やはり家で食べるときも冷やめしと沢庵は欠かせない。

上京後もラーメン好きは相変わらずで、ひと頃すっかりのめり込み、九州各地や広島、喜多方、佐野、札幌などへラーメンの食べ歩きの旅に出たこともあった。同じ九州のラーメンでも県によって麺もスープもちがう。そのうちに食べてまわるだけでなく、自分でも作ってみたくなった。料理雑誌を見ながら、かんすいや手動の製麺機などを買って麺を打ち、寸胴鍋でスープを作ったりスモーカーで叉焼を焼いたりもしはじめた。市場で豚の骨を分けてもらい、九州風のとんこつスープに挑戦したこともあったが、家中が豚臭くなり、とても手に負えないと早々にあきらめた。どうしてそれほどまでにラーメン作りに情熱を注いでしまったのかと思うが、なんとなくラーメンにはこの一杯で勝負だ、というような男のロマンを刺激する不思議な魅力があると思う。

東京で暮らすようになってからは、醤油味のラーメンをおいしいと思うようになった。なかでも好きなのは、黒い醤油のスープに玉ねぎのみじん切りをのせた多摩地区の中華そばで、この頃はその味を目ざして市販の麺を使い、出来るだけ手軽に作ろうと工夫している。

ラーメン作りはなにより手早さが大事で、麺が出来上がったらさっと盛りつけられるように丼を並べ、のせる具もそろえて、麺をゆでる前に万全の準備をしておかねばならない。麺が命である。

まずは、ゆで卵を作っておく。それから、大鍋に麺をゆでるために、たっぷり水をはって湯を沸かす。湯が沸くのを待つ間に、その隣でスープを作る。中鍋にサラダ油とごま油をやや多めに入れ、弱火で葱の青いところ、生姜、赤唐辛子を軽く焦げがつく程度に炒めてとり出す。香りをつけた油はねぎ油といって、中華そばらしい風味を作り出すのである。そこへ、そばだしと、少しの塩と白コショウを入れて弱火にかけておく。これでスープは出来上がりだ。スープの分量は、あとで麺を入れるのでラーメン丼の三分の二ぐらいを目安にするとよい。

次に、具材の準備にとりかかる。もやしを洗ってザルにあげ、葱を刻み、叉焼となるとを切る。玉ねぎは粗みじんに、ゆで卵は半分に切り、海苔も出しておく。大鍋に湯がたぎったら、麺の前にもやしをゆでてザルにあげておく。

さて、ここからは手早くやらなければならない。大鍋の火を強めて麺をもみほぐすようにして入れ、湯の温度が下がらないように一瞬蓋をし、煮立ったらすぐにとって、煮こぼれないように火を少し細めて調節する。このとき極細麺ならば一分足らずであっという間にゆで上がるため、蓋はしなくてよい。

さて、いよいよ麺がゆであがりそうだというところで、熱々のスープを丼に移し、ゆであがった麺をザルで掬いあげ、よく湯を切ってすべり込ませる。と、息をつく間もなく用意した具材を素早くのせれば出来上がり。ここで「ハイ、ラーメン一丁！」と威勢よくかけ声を放つと、一瞬ぱっと出来立てのラーメンが輝いて見えるだろう。熱々がうまいので、寒い時期は麺をゆでる湯がたぎったら少しとって丼に入れておき、スープを注ぐまであたためておくとよい。

叉焼は、豚ロース肉の塊を形がくずれないようにたこ糸でしばって、砂糖、酒、醤油、黒コショウ、葱の青いところ、にんにくをたたきつぶしたもの、生姜の薄切りなどを入れたたれに一日漬け込んでオーブンで焼けば出来る。砂糖のかわりに、水あめやハチミツなどを使ってもいい。オーブンがなければ、中華鍋に丸網を敷いて肉をのせ、アルミホイルの蓋をして蒸し焼きにしてもよいし、ガス台に備えつけの魚焼き器で焼くこともできる。また焼かずに漬け汁に水を足して、そのまま小鍋で煮切っても出来る。僕は叉焼が出来上がると酒の肴にしてしまい、ラーメンに入れられなくなることが、たびたびだ。

牛丼

ときどき牛丼のスイッチが入って無精に食べたくなることがある。学生時代は、まかないに牛丼を食べさせてもらえるというので、吉野家でアルバイトをしていたこともあった。「ハイ、二丁三丁、玉一丁《ぎよく》」「アタマの大盛、ツユダクで！」。当時は、店員もお客もほとんど男性で、メニューも牛丼と牛皿、味噌汁とお新香しかなく硬派な雰囲気だった。今年になって、なんとその吉野家の広告のための絵を描く仕事の依頼があり、学生時代のことが思い出され懐かしかった。いまその絵は築地の第一号店に飾っていただいている。

牛丼は家でもよく作って食べる。

すき焼き風の甘いつゆに、牛肉と焼き豆腐や糸こんにゃくなどを入れて煮たものもうまいと思うけれど、僕は玉ねぎと牛蒡だけで煮たさっぱりしたものをよく作る。牛肉は、脂身の多い薄切りのバラ肉や小間切れなどを使う。

鍋にそばだしを沸かし、酒、赤ワインにみりんを少々、コショウ、塩をひとつまみ入れて好みのつゆを作る。味見をしたときに赤ワインの酸味がちょっと心配になるが、あとで牛肉を入れると味が混ざり合ってほどよくなるから、心配はいらない。弱火で煮立て、ささがき牛蒡と牛肉を入れる。牛肉の色がさっと変わったら浮いた脂を掬い、薄切りにした玉ねぎを入れ、ひと煮立ちさせて火を止め、丼に盛っためしにかけて食べる。つゆだく、つゆ無しはお好みで。唐辛子は七味がよい。そして、やはり牛丼には紅生姜とお新香、味噌汁は欠かせないだろう。

とても簡単に出来るが、牛肉を煮るときに浮いてくる脂とアクを掬いとることだけは忘れてはならない。これをやらないと、めしにのせたときに、ぎとぎととしてまずくなるのである。

風呂と酒

もう二〇年近く前になるが、ときどき友人たちと集まって都内の銭湯へ行ったあと、路地裏の酒場を飲み歩く「風呂会」という会を作って遊んでいたことがある。会報も作り、なかなか愉快な会だった。最初は四、五人だったが、段々と人が増えて、そのうちによく知らない人も多く来るようになり、三〇人近い集団で銭湯へ押しかけるようになってしまった。裸になって一緒に風呂に入るというだけで初対面の人とでも不思議なくらい楽しく酒が飲めたが、こうなると、こぢんまりとしたいい雰囲気の店へも入れず、面白くなくなって解散してしまった。風

呂には日中の雑多なことを忘れさせ、酒をおいしくする力がある。また、飲む前に入るのは、あとは寝るだけという解放感があるのもいい。僕は風呂に入って酒を飲むようになってからは、悪酔いしたり宿酔いしたりすることがほとんど無くなった。それで飲む時間を削ってでも風呂へ行ってから飲む。外へ出かけるときは銭湯のある場所を調べ、カバンにタオルと石鹼をつめていくのである。

家で飲むときも、いつも風呂へ入ってから飲む。湯あがりに浴衣など着て飲むとさらにくつろいでいい。あとは明日。そう思って風呂で一日をしめくくって飲む酒は本当においしい。家で食事会をするときでも、お客の人数分のタオルと石鹼、下駄を用意しておき、一緒に近所の銭湯へ行ってから飲みはじめるのだが、突然「風呂へ行きましょう」と言われて、とまどうお客も多い。そうやって銭湯へ行くと、会社で仕事をしているときのちょっと険しい表情がゆるくなって、潑《はつ》剌《らつ》として来る。飲みはじめると誰も仕事の話などせず、何の話か、ただゲラゲラと笑って酔うばかりである。こういうお酒はいい。一緒に飲む僕も楽しくなる。この頃は石鹼とタオルを持ってやって来る人もいてうれしい。

台所の音楽

台所へ行くと古いラジオカセットのスイッチを入れる。朝、コーヒーを淹れながら、このラジオでクラシックの演奏を聴くのを楽しみにしている。もうお亡くなりになられたが、吉田秀和さんや黒田恭一さんの解説などは曲のエピソードを語るときの声もよく、大好きだった。最近はサラーム海上さんの「音楽遊覧飛行」を楽しみにしていて、いいのがあると録音して繰り返し聴いたりする。古いのでどこかが壊れているのだろう、ときどき何もしていないのに急に音が小さくなったりするが、一度電源を切ってまた入れてやると元のヴォリュームにもどる。

学生時代によく聴いていた懐かしいテープをとり出してきてかけたりと、ここでしか聴かない音楽もあって、ラジオカセットは台所の楽しみになっている。聴きながら食材を並べ、料理の段取りなど考えると料理の方にもスイッチが入って、自然とやる気が出てくる。

散歩と献立会議

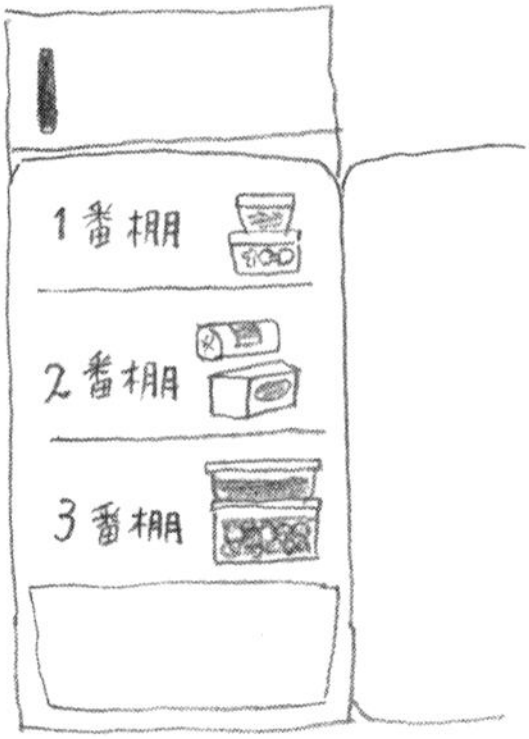

毎朝二時間ほど玉川上水へ散歩に出る。ここにはアカゲラやコゲラなどのキツツキも棲んでいて、ときどきポクポクと木をつつく音をたてている。雑木林のな

かにある大きなくぬぎの木のところまで歩き、その木にタッチして来た道を折り返すようにしている。途中に公園もあって、そこで軽い体操をする。ラジオ体操と自力整体などを組み合わせた自己流体操をしたあと、苦手な腕立て伏せと腹筋にも挑戦する。通勤もなくほとんど一日家で仕事をしているので、家の外の景色を眺めて歩くこの散歩は、僕にとって大事な気分転換の時間でもある。歩きながら描きかけの絵のことを考えたりするのだが、気づくといつも、お昼と夜に何を食べようかと考えている。歩くと体が活気づいて脳の働きも活発になるので、かなり具体的に食べたいものが思い浮かんでくる。

「久しぶりに親子丼でも作ってみるか。卵がとろっと半熟でちょっと甘いのがいいナ。いや。やはり牛丼かな。ごはんをたくさん炊かねばならぬ。ああ、しかし、天ぷらそばもいい。えび入りのかき揚げがいい。ちょっぴり、大根おろしをのせて……」

どれもうまそうで、自分では決めきれなくなり、隣を歩く妻に声をかける。

「なあ、お昼は何にしようか」

散歩から帰ると朝食だが、このところ健康診断で肥満を指摘されているので人参ジュース、黒糖と生姜汁のお茶、フルーツだけにしている。夜はお酒を飲んでゆっくりと食事をしたいので朝を軽くしておくのだ。味噌汁とごはん、トーストとハムエッグなどの定番の朝食も大好きなのだが、我慢している。どんなことにもゆるみや間が必要なのだろう、この軽い朝食が僕にとってはなかなかいいようで、お昼時になるとお腹がぐうっと鳴る。

朝食のあとに、お茶を淹れて妻とその日一日にやることを話し合う簡単な朝会を行うのだが、お互いにその日食べたいものについて語り合い、昼食と夕食の献立を決めることも、重要な議題のひとつ。決まると紙に書いて台所へ貼っておく。

そのために、まずは冷蔵庫をのぞきに行く。うちの冷蔵庫のなかは、上から順に一番棚、二番棚、三番棚に分かれていて、一番棚には、煮物やおひたしの残りなど二、三日以内に食べなくてはならないものが並ぶ。二番棚にはハムや煮豆など一週間ばかりもつもの、三番棚にはジャムや味噌などの保存食という具合に分けてある。野菜や果物は真夏の暑い時期でないかぎり、冷蔵庫へ入れずに竹籠に入れておき、すぐに食べるか、おひたしや漬物、コンポートなどにしてしまう。

まずは寿命の短い一番棚と籠のなかに入っているものを優先してその日の献立を考え、足りないものがあれば買いに行く。家にあるものだけでおいしそうな献立が出来上がると思わず拍手をすることもある。献立を貼ると、僕はようやく食への妄想から解放され、食事の時間が来るのを楽しみにアトリエに入るのである。

楽しみな食事

あとがきにかえて

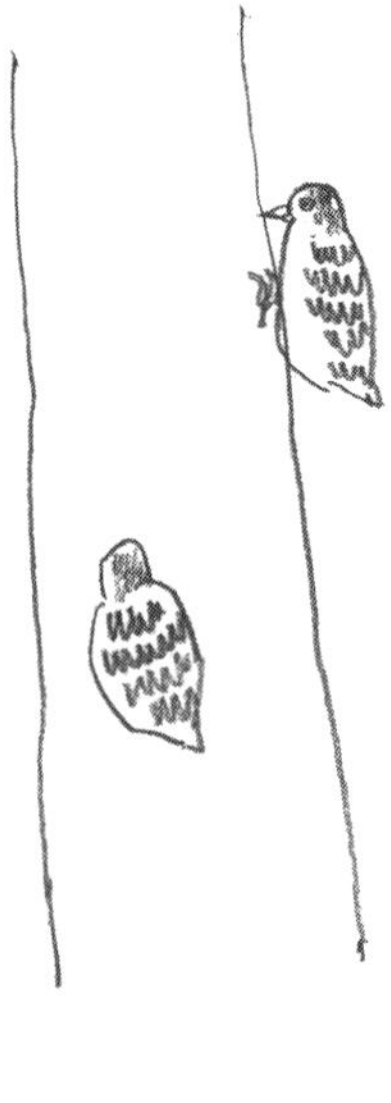

二〇代の後半に、勤めていた会社を辞めて画家としてやっていこうと決めたとき、一日じゅう自分一人の時間で、何処で何をしていたってかまわないという暮

らしがはじまった。世の画家たちは一体どんなふうに暮らして絵を描いているのか。たとえば坂本繁二郎は母屋から離れたアトリエにいったん入ると、数日、家の者とも会わずに描き、その入り口にはいつも食事をのせた盆が置かれていたという。また、山口薫は週末の休みもなく寡黙にアトリエに籠り、近所の子供たちからは建物のなかに一日中じっとしている幽霊がいるとうわさされていたらしい。長谷川利行は浅草の木賃宿に暮らし、路上で絵を売った。また、ゴッホは弟のテオなどから援助をもらいながら絵を描いてまわり一日に三枚も油絵を描いたというし、ボナールは妻のマルトと二人で静かに別荘に籠って暮らしたという。しかしそんな話は巨匠たちの暮らしぶりであって、これからやろうという無名の僕には真似出来ないのだった。さて、どうやって暮らすべきか。もともとなまけ者なので、放っておけば解放された気分のままずっと遊んでしまい、そのうちに世間から見放されてしまうのではないかという危機感があった。そうなると再就職か郷里へ帰るか、あるいは髪結いの亭主の道。

そのときふと、高校時代の教師がしていた哲学者カントの話を思い出した。カントは毎日決まった時刻に散歩をして、近所の人たちからまるで時計のようだと言われていたという。学校のカリキュラムや部活に追われる日々を過ごしていた僕は、自分の時間を自分で決め、毎日規則正しく生活することを羨ましく思ったのだった。ならば、今こそそれをやるべきではないかと、さっそく僕も自分の仕事のための一日の時間割を作ってみることにした。

とはいえ、細かく記すと守れなくなるかもしれないと危惧して、最小限にすると、絵を描く時間以外は睡眠と食事しかないのだった。それ以外、一日何の用事もない。実に単純だ。しかし、いざ決めた通りにやってみると、これだけのことを毎日規則正しく行うだけでも大変なことであると気づいた。やがて、時間の境がはっきりしない絵を描く仕事をするうえで、食事の時間は一日の大切な目安となっていた。最近になって散歩と入浴の時間を追加したが基本的には当時と変わりはない。そうやって日々を過ごして二五年がたつ。おそらくこれからも同じだろう。

もともと食いしん坊で酒が好きなので、食事の時間は毎日の楽しみでもある。

ことに、風呂に入ってからの夕食はうれしく、火鉢に炭をおこして静かに酒を飲みながら、何もかも忘れてのんびり食べる。目をよく使う仕事なので、テレビもつけず裸電球の薄明かりで目を休めて、ただ酒に酔う。電話にも出ない。

そんな暮らしのなかで、本を見たり人から教わったりして、素人ながらに作った料理のことを書いてみた。一日家で絵を描いている暇な人間の話であるばかりか、酒を飲むための料理が多いので、ずいぶん偏っているなと思われるだろう。でも、なかなかおいしくて、何度も作って食べているものばかりなので、誰かに少しでも伝えられるといいなと思う。

本書を書くために昨年から一年間、本書のデザイナーの横須賀拓君と幻冬舎の大島加奈子さんと月に一度、お客を招いて「牧野食堂」なる食事会を行った。もちろん、お二人の素晴らしいデザインワークと編集の手腕はさることながら、その食事会で、毎回買い出しから料理の下ごしらえまで手伝っていただき、にぎやかに終電まで愉快に酒を飲んでいただけたことが、何よりも原稿づくりの励みとなり、ありがたかった。せっかく台所での三人の呼吸も合ってきたことだし、いつかどこか旅先の市場へ行って屋台の牧野食堂などやりたいものである。本当に、ありがとうございました。

そして最後になりましたが、つたない料理をおいしそうに撮影してくださったカメラマンの武藤奈緒子さん、長きにわたって僕のなんでもないような料理と画家としての生活を面白がってくれ、文章を寄せてくださったわが友、鈴木るみこさん。

食いしん坊で酒飲みの夫の台所に笑いながらつき合ってくれている妻。この本を書くことを最初にご提案くださった小説家の桐野夏生さんに、この場を借りて御礼申し上げます。

二〇一六年一一月　牧野伊三夫

眺めのいい食卓

鈴木るみこ

ふしぎだ。牧野さんとの思い出は山ほどあるのに、はじめて会ったときのことだけが、どうしても思い出せない。

二〇〇〇年の夏に刊行した本に出演していただいたのが最初だから、初対面は同年の春頃だったのかもしれない。

それは食に通じた人たちがそれぞれに自分の好物を披露するという、いまになればよくある本だったのだが、編者としては、「食に通じる」といってもその通じ方がひとかたならない、独自の視座や美意識をもつ人に選者になってもらい、当時の美食ブームの騒々しさや一夜漬け感から離れたところでさりげなくマイペースに存在している店や食べものを紹介したいと考えていた。

安くても上等。上等とは誠実、情熱、はたまた機知。しかしそれらがこれみよがしではなくて、程よく力の抜けているもの。姿かたちに愛嬌があるけれど、そこにマーケティング的な作為はなく、味や食べやすさや目のよろこびを追求するうちに知らずかわいくなっちゃったもの。誰もがおいしいと認めなくてもいい、それを食べているあなたの顔が思わずほころんでしまっているもの。

そんな「個人的ごちそう」を教えてくださいという微妙な依頼の意図を理解し、ぴたりと望むようなリストを返してくれる人は、その頃少なかった。要はセンスである。わたしの思うセンスとは程のよさを知ることといってもいい。

「趣味のいい食いしん坊を知りませんか?」。会う人ごとに聞いていたわたしに牧野さんを紹介してくれたのは、ある料理家の方だった。

いまも昔もそのセンスに全幅の信頼を寄せている方の仲立ちだったゆえ、わたしは牧野伊三夫なる人物について、刊行物に発表された数点のイラストを見る以外なんの下調べをすることもなく、すぐに電話をかけた。選者の最後のひとりが決まらずに焦っていたのもあるが、その名前を聞いただけで「いける」と確信したのは本当だ。牧野伊三夫って、いい名前だなと思った。わたしの勘はあたる。

しかし、当然のように快諾を期待していた自分の依頼のしかたには、どこか不遜さが混じっていたのだろう、企画内容を説明すると、電話のむこうの牧野さんは、しばし沈黙したのちに不機嫌そうにこう答えた。

「ぼくは画家ですから」

「え?」

「ぼ、ぼくは画家ですから、本や雑誌で『どこそこのナニナニ』といって食いものや店を紹介するような、そんな何処かの誰かのようことはしたくありません」

武者ぶるいしながらも言いたいことは言った。そんな感じだった。

そのとき牧野さんは三十代半ば。勤めていた広告制作会社を辞め、絵筆だけで生活するようになってから、まだ十年は経っていなかったのではないか。サントリーの機関誌のデザインや書籍の挿画などの仕事をする傍らで自費出版の詩画集などをだされていたが、わたしは牧野さんの顔も精神活動も、描く絵すらろくすっぽ知らなかった。それでいきなり「おいしいものを教えろ」とくれば無礼も千万。断られてあたりまえとはいえ、少し尊大ともいえる言葉にムッとしたわたしは「わかりました」と言って電話をおいた。

しかし、である。その数日後から、毎日のように牧野さんからファクスが届くようになったのである。

ツツツツツと電話から絵がでてくる。「こんなものを思い出しました」「ここもなかなかいいです」。簡単な前口上と走りがきの絵、好きな理由を簡潔に記した一文が添えてある。メモ画とでもいえばいいか、それがしばらくのあいだ毎日届いた。一日一枚、つまり、一日一品。

八重洲界隈の雑居ビルにある酒場の季節の花を浮かべた酒、新潟長岡の無造作に新聞紙に包んで手渡される最中アイス、この本にも登場する中野のトリスバー「ブリック」のハイボールとハムエッグの皿の組み合わせなど、どれもこれも魅力的で、とんで食べに行きたくなった。

おやおや、画家さん、その気になったのかしら。

そう思ってふたたび連絡をとってみると、

「いやあ、食いもののことなんかと思ったのですが、鈴木さんに電話をもらってから、絵を描いていてもこれまで食べたうまいものが次から次へと浮かんできちゃうんですよ。ぼくのなかの何かは、この仕事をやりたいのかもしれません」。

結局牧野さんは選者として出演し、おそらくはひまをもてあましていたのだろう、都内の取材には皆勤賞で同行、撮影後に話を聞きながら呑んだり食べたりするうちに年齢も志向も似たもの同士であることがわかり意気投合した。いま思えば、その頃からけっして手酌をせず、徳利と盃を前に気づいてほしそうにしていた姿が記憶にある。たとえば、あれは山口瞳さんが贔屓にしていたという国立の鮨屋のカウンターでだったか。あわててわたしがお酒を注ぐと「すみません」と恐縮し、「うちの祖父が手酌をすると末代まで貧乏がたたると言いまして」と、大判のハンカチで汗をふきふき弁明したのであった。

本に載せる写真は、アングルに無理がないかぎり、牧野さんがファクスで描いてきた絵に忠実に撮った。画家は世界を景色としてとらえている。食についても同じで、ただ味がいいだけでは不十分、眺めとしての完成度がたいせつなのだと思う。そのものの風貌はもちろん、盛りつけや食卓のしつらえ、店であれば空間や客の風情、どう供されるかが由々しき問題となるのである。小学生時代の牧野少年を魅了したのも、じつは工事現場で働く労働衣の男たちがつかのま焚火を囲んで弁当を食べているという一枚の冬の絵だったのだろうし、ここにある文章のなかにも幾つもの秀逸な絵が隠れている。

余談になるが、二〇〇〇年のファクスの束を、わたしはその後も大事にとっておいたのに、つい先日わけあって処分してしまった。経年十五年以上、すでに消えかかってはいたが、すぐに後悔した。わが編著はとうの昔に絶版となっている。だが、いつか牧野さんの食の本をだすときのためにと捨てられずにいた紙束を手放した途端に、この〃かぼちゃ〃が上梓されるという巡りあわせには何かを感じずにはいられない。

牧野さんには、揺るぎなく、ある種の好みというものがある。絵が売れてお金が稼げるようになってもヘチマ水の空き瓶を一輪挿しにし、冬は火鉢に綿入れ、夏は湯浴み後に妻に着せつけてもらった浴衣で晩酌をする「牧野ごのみ」とも呼びたい世界の頑なさが、わたしはとても好きだ。

小津安二郎の映画を見れば、まともな日本人なら誰しもが「いいな」と感じる。でもこの、応接椅子に掛けられた清潔な白カバーのようにゆかしく折り目正しい日本はもう取り戻せない。そう思って溜め息をつくが、牧野さんはちがう。牧野さんは諦めたりなんかしていない。

この十五年で彼は三回の引越しをした。だからわたしは牧野さんの四つの家と台所を知っているのだが、それはどんなときも変わらず牧野さんの家で台所だった。鍋とやかんは茶色いアルマイト、おたまや木べらや擂りこぎは針金を曲げた手製フックに掛けられて、道具が一望できるようにレイアウトされている。食卓は明暮ちゃぶ台と火鉢で、夏も冬もぱちぱちいう小さな赤い炭火が客を迎えてくれる。わたしも牧野家でどれだけ沢山のおいしい時間をいただいたことか。

現在のお宅の台所は調味料の棚も、よく使う缶や瓶の高さに合わせて日曜大工されたもので、得意の洋食をつくるときは、ここに並ぶヱスビーの「パスリ、セージロズマリーアン、タァーイム……」たちが惜しみなく使われることになる。

壁には日めくりの暦と昼夕の献立メモ、ペン書きの時間割も画鋲で貼られていたが、それがカントからきていたとは知らなかった。

無断借用となるが、こっそり書きうつしてみよう。

一日
おきる　六時
散歩
朝ごはん　八時
◎書斎

おひる　　十二時半
◎画室
おふろ　　六時
夕飯　　　七時
ねる　　　十時半

地域と日本の林業の活性のために全国を飛びまわっている昨今では、こんな静かな一日も少なくなったにちがいない。

飛驒高山、大分日田、そして故郷の北九州。山をスケッチしながら、日本の森が変わっていくことに危機感を抱いての無償の行動がきっかけと知っているが、飛驒と日田は似ているという根拠の薄いひらめきからはじまったプロジェクトが数年後には現実のものとなり、ついには高山市と日田市の市長を会わせて握手をさせてしまった手腕はお見事《ブラボー》としか言えない。経緯を傍観していた目には、旅にでるいい言い訳を見つけて遊んでいるようにしか見えなかったが、高山の人も日田の人もよろこんで巻き込まれて一緒に遊んでいた。唄ったり笑ったりしているうちにみなを目的地に連れていってしまうなんて、まるでハーメルンの笛吹きだ。日田では煮ごぼうをのこぎりに見立てた「きこりめし弁当」なるものもつくってしまったが、これもおいしいだけでなく眺めのいいお弁当である。

牧野さんを見ていると、フランス語のbon vivantという言葉を思わずにいられないのだが、ボンヴィヴァン、よく生きる人という意味だ。よく呑み、よく食べ、よく遊び、よく考える。よく夢みるという営みも忘れてはならない。

わたしは牧野さんと出会ったおかげで人生がかけねなしに十倍は楽しくなったし、これからも楽しいにちがいない。

このまま順調にともに全白髪となり、老紳士淑女然と粧《めか》しこんで銀座の古いバーの止まり木に並ぶ日をいまから夢みている。

——編集者／ライター

本書は書き下ろしです。
以下は、新聞掲載のコラムに加筆修正しました。

（初出）

きらずまめし　新潟日報二〇一一年六月一七日掲載
8オンス　新潟日報二〇一一年六月一八日掲載
バーと老紳士　新潟日報二〇一一年七月五日掲載
ゆで卵　新潟日報二〇一一年六月二一日掲載
スイカの皮　新潟日報二〇一一年六月三〇日掲載
カレーライス　新潟日報二〇一一年六月二三日掲載
断食の効能　新潟日報二〇一一年六月二四日掲載の「断食」を改題
バナナフランベ　新潟日報二〇一一年七月一日掲載の「マダガスカルのバナナフランベ」を改題
山のキャラメル　新潟日報二〇一一年六月二三日掲載
新聞紙　新潟日報二〇一一年六月二九日掲載
散歩と献立会議　十勝毎日新聞二〇一一年九月六日掲載の「画家散歩と献立会議」を改題

関門海峡にて。撮影／有山達也

牧野伊三夫（まきのいさお）

一九六四年福岡県北九州市生まれ。画家。多摩美術大学卒業後、広告制作会社サン・アド入社。九二年、退社後に都内の画廊での個展を中心に活動を始める。美術同人誌「四月と十月」同人。「雲のうえ」（北九州市情報誌）、「飛騨」（飛騨産業広報誌）編集委員。著書に『今宵も酒場部』（共著・集英社）、『僕は、太陽をのむ』（港の人）。東京都在住。

かぼちゃを塩で煮る

2016年12月15日　第1刷発行

著　者　牧野伊三夫

発行者　見城 徹

発行所　株式会社 幻冬舎

〒151-0051 東京都渋谷区千駄ヶ谷4-9-7
電話　03 (5411) 6211 (編集)
　　　03 (5411) 6222 (営業)
振替　00120-8-767643

印刷・製本所　中央精版印刷株式会社
ブックデザイン　横須賀 拓
写真　武藤奈緒美

ISBN978-4-344-03047-3　C0095
幻冬舎ホームページアドレス　http://www.gentosha.co.jp/

この本に関するご意見・ご感想をメールでお寄せいただく場合は、comment@gentosha.co.jpまで。